JN071315

補助金等適正化法講義

前田　努　編

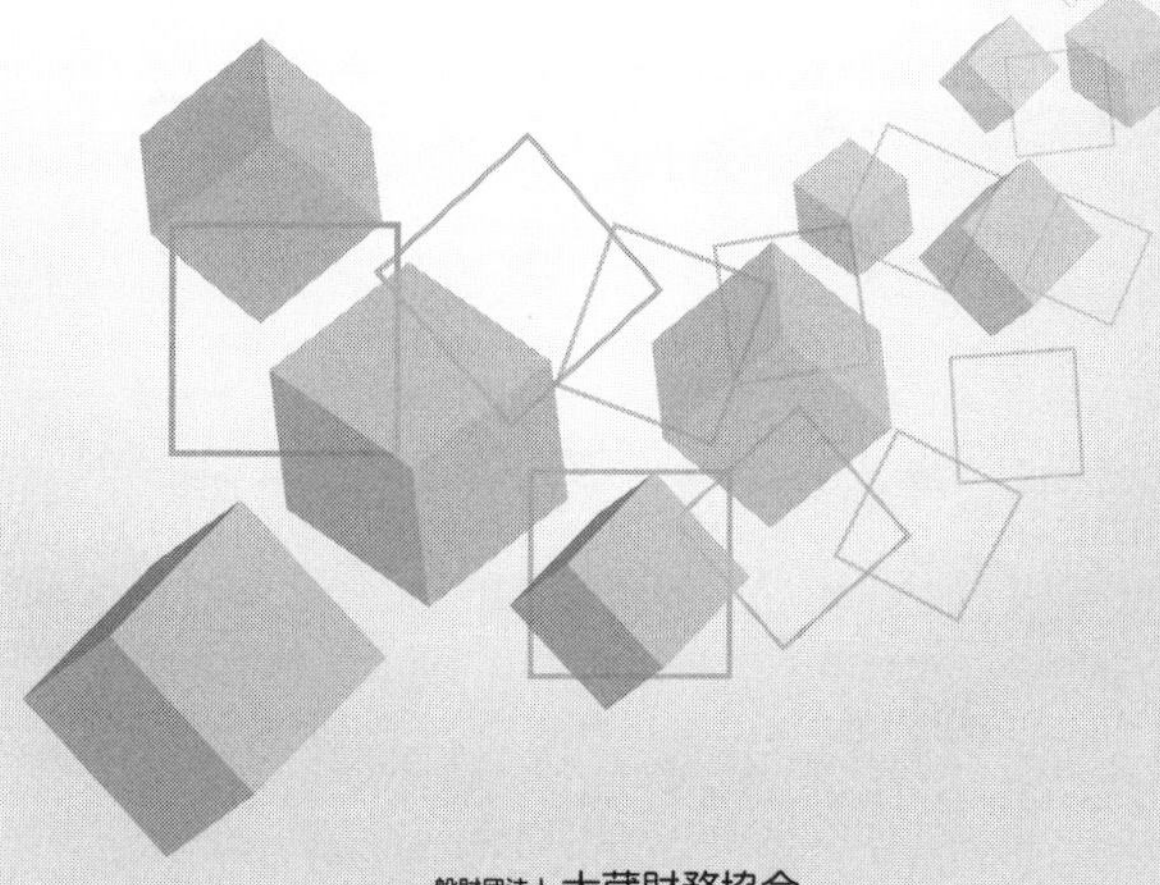

一般財団法人 大蔵財務協会

はしがき

補助金等適正化法（補助金等に係る予算の執行の適正化に関する法律（昭和三〇年法律第一七九号））は、補助金等に係る予算の執行の適正化を図ることを目的として制定されたものである。

法制定当時は、補助金行政をめぐって不正不当の事例が数多く発生し、その改善が強く要請されていたという事情があったが、今日においても補助金等に係る予算の適正な執行を確保する努力は必要であり、本法の適切なる運用が必要とされている。

本書は、青木孝德編「補助金等適正化法講義」を土台にし、今回有志が休日等を利用して、その後の法令改正の内容を補筆し、新たに刊行したものである。

本書が、広く全国の官公署の会計職員の方々の参考書として活用され、国の財政会計の適正な運営にいくらかでも貢献できれば幸いである。

なお、本書中に意見にわたるものがあれば、それは、執筆者個人の見解であることを付言しておきたい。

令和二年七月

編　者　識

目　次

第一章　序　論

第二章　総　則

第三章　補助金等の交付の申請及び決定

第四章　補助金等の交付決定の取消等の措置

第五章　罰　則

（参考資料）

一　基本法令

二　基本通達

（一　般）

三　参考質疑応答

第一章　序　論

第一節　本法の意義

世間ではよく「税金の行方」という言葉が使われる。税金は、国の新たな財的手段の調達の方法として、国の統治権に基づき、強制力によって国民に課されるものであるが、その税金を納める国民の側においては、税金として徴収された所得が有効適切に使用されているかどうか深い関心を抱いているところであり、不正不当な支出がなされた場合には強い非難が向けられることともなる。この言葉は、「血税」という言葉とあいまって、そうした国民の率直な気持ちを端的に表現しているものといえよう。もちろん、国の歳出の財源となるものは、すべてがこれらの税金のごとき強制的な色彩をもつものばかりではないが、その主要なものが租税である（次頁注「一般会計歳入予算」参照）ことは明らかであり、これらの税金その他の貴重な財源によって賄われる国の歳出の全てが国民の信託に基づき国民全体の利益のため使用されるべきものであることはいうまでもないであろう。これらの貴重な財源がかりにも不正不当に支出されるごときことは許されず、その最初の一円から最後の一円にいたるまでもっとも公正かつ効率的に使用されなければならないであろう。

国の金銭の管理については、会計法（昭和二二年法律第三五号）にその原則が定められているが、これは、金銭を如何に間違いなく収納し、支払い、かつ、保管するかという取扱いの確実性の基準のほかは、資金の効率性確保の見地から国の契約につき、一般競争契約の方式を原則とすることが定められているに過ぎない。しかしながら、いわゆる補助金、負担金等を国が交付する場合には、その性格上、契約のごとく競争させて相手方を選択することができず、また契約と異なり、国の金銭の給付に対し、相手方がこれに相当する反対給付の義務を負っていないという特殊の事情が存するため、会計法においては律しえない面が多分に存するのである。補助金、負担金等の交付について会計法によって律しえない面があるとすれば、実際にその交付にあたる国の職員が、具体的なケースのそれぞれについて、何が国にとって有利であるかという判断を個別的に行う以外に特段の方法はないといえよう。その場合、全てのケースについて妥当しうる原則としては、補助金、負担金等の交付の衝にあたる職員に対して、その交付にあたって必ず慎重なる審査を行い、国の資金が最も効率的に使用されるよう努力すべき義務を課する以外にはないであろう。こうした職務上の義務を課し、義務違反の場合には制

（注）　一般会計歳入予算　（単位：億円）

区　　分	令和２年度（当初）	令和元年度（当初）
（歳入）		
租税及印紙収入	635,130	624,950
その他収入	65,888	63,016
公債金	325,562	326,605
合　計	1,026,580	1,014,571

裁をもって措置するとしてもなお補助金等の乱費が防止しえないとすれば、残された手段としては、それらの補助金等の交付を受ける相手方に、国の経費の資金的な効率を高めるよう協力を期待する以外にないものと考えられる。補助金等に係る予算の執行にあたり、その交付を受ける相手方が努力を行わず、国民の血税からなる貴重な財源を浪費するような事態があれば、それが直ちに反公益的なものであることを明らかにし、違反行為に対しては刑事罰をもって厳正に対処しようとする考え方があらわれたのは、このような理由によるものといってよい。「補助金等に係る予算の執行の適正化に関する法律」（昭和三〇年法律第一七九号。以下「本法」又は「補助金等適正化法」ということがある。）はこのような考えに基づいて立案された法律であり、補助金等の適正な執行を確保するための制度として新しく設けられたところに、この法律の大きな意義が存するのである。

これを既存の財政会計法規の体系の中で位置づけるならば、財政法（昭和二二年法律第三四号）の下部法規として、予算の執行に関する事項を会計法等と並列して規定するものであるということもできるであろうが、むしろ財政法体系に新たな体系を附加するものというべきであろう。

第二節　本法制定の経緯

本法制定の直接の動機は、次に掲げる第一七回国会（昭和二八年一〇月二九日～同年一一月七日）の参議院予算委員会における全会一致の決議であるといわれている。

「国民の血税をもって編成される予算は、厘毛たりといえども、これが不正、不当に支出されるがごときは、許すべからざるところであるにもかかわらず、会計検査院の年次報告に見れば、年々その件数を累加しつつあるは誠に遺憾のきわみである。未曾有の大災害に際し、これが復旧に関し、いやしくもかくのごとき事態の発生せざるよう、政府はすみやかに具体的な措置を講じ、万全を期すべきである。右決議する。」

これに対して大蔵大臣（現在の財務大臣）から、

「只今の御決議につき、政府においては御趣旨を体し、法令の制定等、具体的な方法を講ずることとし、仰せのごとく国民の血税をもって編成される歳出予算は、最も効率的な運用を図るとともに、かりそめにも不正不当に支出せられざるよう、厳に措置することと致します。」

という旨の発言がなされた。

右の、参議院予算委員会の決議は、予算の支出に関しては不正、不当な支出が一件もないように政府は努力しなければならないものであるにかかわらず、現実はむしろ増加の傾向にあるから、至急具体的な措置を講ずべきであると要請したのに対し、政府は法令制定等の具体的な方法をとることを約し、その最初に立法化されたのがこの「補助金等に係る予算の執行の適正化に関する法律」である。ただ、右の決議では、必ずしも補助金等に限らず、歳出予算の全般を対象としているにもかかわらず、補助金等について第一に法制化されたのは、前記の決議にも引用されているように、会計検査院の年次報告によっておのずからその理由を知ることができるのである。

そこで、会計検査院が毎年度国会に提出しているその当時の決算検査報告から、関係のある数字を抜き出してみると、六頁の注１の表（「不当事項」）のとおりである。

この表からも明らかなごとく、昭和二六年度以前における不当事項の年々の増加もさることながら、歳出関係の不当事項のうち、補助金等関係が昭和二八年度において一、二七九件（八七％）に達しているという事実から補助金等関係予算の執行の適正化を図ることが絶対に必要であったのである。「法令の制定等具体的な方法」の第一として、補助金等関係がとりあげられた第一の理由は、実にここにあったのである。

本法施行後における会計検査院の決算検査報告における「不当事項」については前出の注1の表（「不当事項」）のとおりであって、昭和三一年度以降不当事項が顕著に減少しており、これに伴って補助金等関係も激減している。

国の歳出予算は、一般会計だけでも一〇二兆六五八〇億円（令和二年度当初）という巨額なものであり、そのうち補助金等（補助金、負担金、交付金、補給金及び委託費で、補助金等適正化法の適用を受けないものも含む。以下予算の内訳として使う場合において同じ。）に該当するものは約三三兆一七四九億円で、予算額の約三二パーセントを占めている（注2「一般会計補助金等予算額調」参照）。

補助金等がたとえ会計検査院の不当事項中に件数的に占める割合が圧倒的であっても、金額自体が微々たるものであれば、国損という立場からみる限り、必ずしも第一にとりあげて法制化する必要はないものと考えられるわけであるが、前述のように一般会計において約三二パーセントを占めるという多額なものであってみれば、これをなおざりにすることができないのはきわめて明白なことと考えられる。「法令制定等具体的な方法」の第一として補助金等関係がとりあげられた第二の理由は、実にここにあったということができよう。

以上から明らかなごとく、国の予算執行の適正化は、何よりも補助金等関係予算の執行を適正にすることから始められなければならないとされる所以である。

（注１）不当事項

区　分 年　度	不当事項の総件数	左のうち歳出関係件数（A）	左のうち補助金等関係件数（B）	B／A %
	件	件	件	
昭　和26年　度	1,198	827	500	60
〃　27　〃	1,813	1,369	1,166	85
〃　28　〃	2,232	1,467	1,279	87
〃　29　〃	2,247	1,478	1,114	75
〃　30　〃	2,185	1,110	907	82
〃　31　〃	1,128	702	598	85
〃　32　〃	501	249	194	78
〃　33　〃	355	149	107	72
〃　34　〃	292	139	111	80
〃　35　〃	338	193	159	82
〃　36　〃	579	397	346	87
〃　37　〃	651	433	364	84
〃　38　〃	616	399	333	83
〃　39　〃	664	473	403	85
〃　40　〃	372	244	190	78
〃　41　〃	337	193	167	87
〃　42　〃	260	122	105	86
〃　43　〃	182	127	120	94
〃　44　〃	153	150	143	95
〃　45　〃	146	138	131	95
〃　46　〃	199	190	183	96
〃　47　〃	176	161	157	98
〃　48　〃	152	143	135	94
〃　49　〃	86	79	70	89
〃　50　〃	82	71	64	90
〃　51　〃	74	66	50	76
〃　52　〃	93	79	61	77
〃　53　〃	164	122	67	55
〃　54　〃	157	134	99	74
〃　55　〃	180	142	114	80
〃　56　〃	184	143	126	88
〃　57　〃	181	146	111	76
〃　58　〃	157	108	74	69
〃　59　〃	148	117	84	72
〃　60　〃	117	82	49	60
〃　61　〃	129	91	55	60
〃　62　〃	170	131	77	59

〃 63 〃	166	124	67	54
平　成元年　度	192	157	78	50
〃 2 〃	240	197	91	46
〃 3 〃	224	182	80	44
〃 4 〃	252	196	75	38
〃 5 〃	235	200	84	42
〃 6 〃	217	152	127	84
〃 7 〃	238	164	142	87
〃 8 〃	314	240	206	86
〃 9 〃	304	252	200	79
〃 10 〃	229	173	148	86
〃 11 〃	252	184	167	91
〃 12 〃	226	161	141	88
〃 13 〃	248	197	178	90
〃 14 〃	272	226	209	92
〃 15 〃	219	187	164	88
〃 16 〃	296	250	212	85
〃 17 〃	390	348	218	63
〃 18 〃	361	300	226	75
〃 19 〃	859	815	710	87
〃 20 〃	593	567	487	86
〃 21 〃	874	847	700	83
〃 22 〃	425	402	342	85
〃 23 〃	357	323	276	85
〃 24 〃	470	449	368	82
〃 25 〃	402	397	341	86
〃 26 〃	450	444	348	78
〃 27 〃	345	336	293	87
〃 28 〃	333	307	267	87
〃 29 〃	292	286	243	85
〃 30 〃	254	248	226	91

（注２）一般会計補助金等予算額調　　　　　　（単位：億円）

区分／年度	補助金	負担金	交付金	補給金	委託費	計（A）	総予算額（B）	A／B %
昭和30年度	2,083	797	77	59	48	3,063	9,915	30.9
〃 31 〃	2,141	827	48	60	56	3,131	10,349	30.3
〃 32 〃	2,359	909	38	13	47	3,367	11,375	29.6
〃 33 〃	2,098	978	60	10	71	3,218	13,121	24.5
〃 34 〃	2,338	1,078	84	9	83	3,592	14,192	25.3
〃 35 〃	2,719	1,252	114	20	78	4,183	15,697	26.7
〃 36 〃	3,261	1,510	157	20	74	5,022	19,528	25.7
〃 37 〃	4,147	1,739	212	25	111	6,235	24,268	25.7
〃 38 〃	4,809	2,030	268	33	105	7,245	28,500	25.4
〃 39 〃	5,731	2,295	401	42	114	8,582	32,554	26.4
〃 40 〃	6,785	2,649	480	97	186	10,196	36,581	27.9
〃 41 〃	8,247	2,930	473	268	159	12,076	43,143	28.0
〃 42 〃	9,358	3,322	447	352	220	13,699	49,509	27.7
〃 43 〃	10,928	3,762	606	406	357	16,058	58,186	27.6
〃 44 〃	12,501	4,337	725	487	321	18,371	67,396	27.3
〃 45 〃	15,819	4,983	892	471	379	22,544	79,498	28.4
〃 46 〃	19,591	5,854	1,114	593	431	27,583	94,143	29.3
〃 47 〃	25,244	7,027	2,117	778	423	35,588	114,677	31.0
〃 48 〃	32,916	8,272	2,025	965	628	44,806	142,841	31.4
〃 49 〃	38,163	10,458	2,746	1,579	915	53,862	170,994	31.5
〃 50 〃	46,946	14,550	3,617	2,177	910	68,200	212,888	32.0
〃 51 〃	56,015	16,594	4,519	3,717	971	81,816	242,960	33.7
〃 52 〃	66,010	18,867	5,382	4,384	1,020	95,664	285,143	33.5
〃 53 〃	79,777	20,905	6,387	5,151	998	113,219	342,950	33.0
〃 54 〃	92,326	22,157	7,503	5,717	1,149	128,851	386,001	33.4
〃 55 〃	97,408	23,512	8,383	7,690	1,527	138,520	425,888	32.5
〃 56 〃	101,943	25,020	8,931	8,016	1,157	145,067	467,881	31.0
〃 57 〃	102,173	26,483	8,550	9,279	1,174	147,658	496,808	29.7
〃 58 〃	104,585	26,406	7,889	9,632	1,438	149,950	503,796	29.8
〃 59 〃	98,684	27,490	8,530	9,615	1,326	145,644	506,272	28.8
〃 60 〃	94,556	28,389	9,660	10,175	1,521	144,301	524,996	27.5
〃 61 〃	92,262	29,043	10,163	8,201	1,421	141,090	540,886	26.1
〃 62 〃	46,762	76,840	10,053	5,994	1,130	140,779	541,010	26.0
〃 63 〃	46,640	78,187	10,085	5,915	1,177	142,003	566,997	25.0
平成元年度	47,643	81,755	10,466	5,902	1,635	147,401	604,142	24.4
〃 2 〃	48,598	83,987	10,108	5,960	1,629	150,282	662,368	22.7
〃 3 〃	50,964	86,982	11,121	6,017	1,477	156,561	703,474	22.3
〃 4 〃	58,625	90,535	11,320	6,092	1,668	168,241	722,180	23.3

〃 5 〃	61,866	92,026	11,426	6,064	1,827	173,209	723,548	23.9
〃 6 〃	75,722	95,262	11,587	6,173	1,517	190,262	730,817	26.0
〃 7 〃	68,041	98,058	12,308	6,301	2,342	187,050	709,871	26.3
〃 8 〃	78,214	101,550	12,673	6,044	1,507	199,988	751,049	26.6
〃 9 〃	73,002	104,290	13,116	5,923	1,511	197,842	773,900	25.6
〃 10 〃	67,944	107,788	13,412	5,324	2,033	196,501	776,692	25.3
〃 11 〃	68,741	111,104	13,657	5,246	1,640	200,387	818,601	24.5
〃 12 〃	68,053	113,615	16,437	5,453	3,412	206,969	849,871	24.4
〃 13 〃	68,673	118,779	19,795	6,072	3,036	216,355	826,524	26.2
〃 14 〃	67,971	124,326	20,266	5,157	3,175	220,895	812,300	27.2
〃 15 〃	63,541	127,681	23,516	5,174	3,321	223,234	817,891	27.3
〃 16 〃	57,356	131,588	43,114	5,143	4,075	241,277	821,109	29.4
〃 17 〃	49,529	129,458	48,680	4,545	4,364	236,575	821,829	28.8
〃 18 〃	43,706	124,945	51,643	3,909	3,846	228,049	796,860	28.6
〃 19 〃	41,806	127,831	52,567	3,178	4,547	229,929	829,088	27.7
〃 20 〃	47,239	122,653	59,732	2,141	4,272	236,038	830,613	28.4
〃 21 〃	52,265	126,041	70,161	2,105	4,896	255,468	885,480	28.9
〃 22 〃	42,404	132,136	86,054	1,652	4,853	267,099	922,992	28.9
〃 23 〃	42,891	139,486	83,673	1,601	3,553	271,205	924,116	29.3
〃 24 〃	42,869	143,816	83,305	805	3,543	274,338	903,339	30.4
〃 25 〃	43,565	147,911	82,465	743	4,006	278,690	926,115	30.1
〃 26 〃	46,807	154,046	89,070	726	4,164	294,813	958,823	30.7
〃 27 〃	48,543	159,471	88,679	696	4,030	301,419	963,420	31.3
〃 28 〃	47,369	161,781	89,202	653	4,150	303,154	967,218	31.3
〃 29 〃	45,855	167,172	90,015	778	3,409	307,229	974,547	31.5
〃 30 〃	46,085	159,718	91,695	611	3,633	301,742	977,128	30.9
令和元年度	57,313	163,521	96,040	618	4,335	321,827	1,014,571	31.7
〃 2 〃	63,171	167,096	96,208	632	4,642	331,749	1,026,580	32.3

（備考）(1)　予算額は、当初成立予算額である。

(2)　上記表のうち「交付金」及び「委託費」には、本法の適用を受けないものも含まれている。

(3)　計数については、それぞれ四捨五入によっているので、端数において合計とは合致しないものがある。

(4)　昭和62年度において予算科目の見直しが行われており、計数は必ずしも連続しない。

（注３）一般会計補助金等予算額主要経費別内訳表

（単位：億円、％）

事項	令和２年度				令和元年度				対前年度	
	歳出予算総額(A)	補助金等予算額(B)	(B)／(A)	(B)の構成比	歳出予算総額(C)	補助金等予算額(D)	(D)／(C)	(D)の構成比	(B)－(D)＝(E)	(E)／(D)
社会保障関係費	358,680	204,884	57.1	61.8	340,593	193,878	56.9	60.2	11,006	5.7
年金給付費	125,232	652	0.5	0.2	120,488	652	0.5	0.2	0	0.0
医療給付費	121,546	121,095	99.6	36.5	118,543	118,093	99.6	36.7	3,002	2.5
介護給付費	33,838	33,838	100.0	10.2	32,101	32,101	100.0	10.0	1,736	5.4
少子化対策費	30,387	6,196	20.4	1.9	23,440	1,278	5.5	0.4	4,918	384.7
生活扶助等社会福祉費	42,027	38,382	91.3	11.6	41,805	38,430	91.9	11.9	▲48	▲0.1
保健衛生対策費	5,184	4,561	88.0	1.4	3,827	3,168	82.8	1.0	1,393	44.0
雇用労災対策費	395	160	40.5	0.0	388	156	40.1	0.0	4	2.7
文教及び科学振興費	55,055	52,398	95.2	15.8	56,025	53,318	95.2	16.6	▲920	▲1.7
義務教育費国庫負担金	15,221	15,221	100.0	4.6	15,200	15,200	100.0	4.7	21	0.1
科学技術振興費	13,639	12,524	91.8	3.8	13,597	12,505	92.0	3.9	19	0.2
文教施設費	1,250	1,250	100.0	0.4	1,694	1,694	100.0	0.5	▲444	▲26.2
教育振興助成費	23,768	23,167	97.5	7.0	24,158	23,572	97.6	7.3	▲405	▲1.7
育英事業費	1,176	235	20.0	0.1	1,375	346	25.2	0.1	▲111	▲32.0

恩給関係費	1,750	26	1.5	0.0	2,097	21	1.0	0.0	6	27.8
防衛関係費	53,133	5,038	9.5	1.5	52,574	5,003	9.5	1.6	35	0.7
公共事業関係費	68,571	34,462	50.3	10.4	69,099	34,804	50.4	10.8	▲342	▲1.0
治山治水対策事業費	11,375	2,209	19.4	0.7	11,206	1,945	17.4	0.6	264	13.6
道路整備事業費	17,819	3,889	21.8	1.2	15,491	1,636	10.6	0.5	2,253	137.7
港湾空港鉄道等整備事業費	4,584	1,258	27.4	0.4	4,831	1,308	27.1	0.4	▲50	▲3.8
住宅都市環境整備事業費	6,947	3,366	48.4	1.0	5,978	2,297	38.4	0.7	1,069	46.5
公園水道廃棄物処理等施設整備費	1,372	1,002	73.1	0.3	1,286	913	71.0	0.3	90	9.8
農林水産基盤整備事業費	6,926	3,929	56.7	1.2	7,061	4,032	57.1	1.3	▲103	▲2.6
社会資本総合整備事業費	18,015	18,015	100.0	5.4	21,887	21,887	100.0	6.8	▲3872	▲17.7
推進費等	781	401	51.4	0.1	609	401	65.8	0.1	0	0.1
災害復旧等事業費	752	393	52.3	0.1	750	386	51.4	0.1	7	1.9
経済協力費	5,123	1,674	32.7	0.5	5,021	1,671	33.3	0.5	3	0.2
中小企業対策費	1,753	1,250	71.3	0.4	1,790	1,265	70.6	0.4	▲15	▲1.2
エネルギー対策費	9,495	372	3.9	0.1	9,760	374	3.8	0.1	▲2	▲0.5
食料安定供給関係費	9,840	6,855	69.7	2.1	9,823	7,012	71.4	2.2	▲157	▲2.2
その他の事項経費	66,645	24,789	37.2	7.5	67,856	24,482	36.1	7.6	307	1.3
その他	396,608	—	—	—	399,932	—	—	—	—	—
合計	1,026,580	331,749	32.3	100.0	1,014,571	321,827	31.7	100.0	9,922	3.1

以上は、補助金等に係る予算の執行についての数字的な面から見たものであるが、他面補助金等については、前述のごとく、それに相当する反対給付を相手方に求めないという特殊な性格が存するわけであり、従来の国の金銭会計の原則のみでは必ずしも公正、かつ、効率的な使用を確保することができるとはいいがたいと考えられ、その面からも、新たな立法措置が必要とされたのである。

しかして、補助金等の額は、前述のように令和二年度の国の一般会計だけでも三三兆一七四九億円という多額なものであって、更に特別会計及び政府関係機関に属するものを含めれば、その額は更に膨大なものとなることはいうまでもない。かかる多額なものが補助金等として国から支出されるという現実は、それだけ補助金等が現在のわが国の行政活動において重要な役割を占めていることを示すものである。そしてこの補助金等の大部分のものは、地方公共団体の行政活動のための重要な財源となっているのである。すなわち補助金等の大部分は、地方公共団体あるいは地方公共団体の機関が実施する社会保障（生活保護、社会福祉等）、文教及び科学振興（義務教育、科学技術振興等）、公共事業（道路、港湾、河川、住宅、下水道等）及び環境衛生等各種の行政の分野における事務又は事業の遂行のための重要な財源として、地域住民の福祉の増進のためきわめて有効に使用されているわけである（注3「一般会計補助金等予算額主要経費別内訳表」、注4「年度別、交付対象別補助金等調」参照）。

このような観点からみても、本法の制定はきわめて時宜を得たものであったということができよう。

（注４）年度別、交付対象別補助金等調

（単位：億円）

区分	対象別　年度	令和２年度予算額	令和元年度予算額
一般会計	地方公共団体	241,687	237,729
	その他	90,061	84,098
	計	331,749	321,827
特別会計	地方公共団体	39,265	37,989
	その他	181,759	176,609
	計	221,025	214,598
政府関係機関	地方公共団体	1	1
	その他	583	618
	計	584	619
合計	地方公共団体	280,954	275,719
	その他	272,404	261,325
	計	553,357	537,044

（備考）　予算額は、当初成立予算額であり、補助金、負担金、交付金、補給金、委託費の合計額である。

第三節　補助金等の制度

一　補助金等の地方財政に占める地位

以上述べたところから明らかなごとく、国の歳出予算に占める補助金等の額はきわめて多額であり、また、その大部分が地方公共団体に対して交付されるものであるから、地方財政上に占める補助金等の役割もまたきわめて重要であるといえよう。

国の歳出の財源の主要なものが強制力によって国民から徴収される租税であることは前述したが、地方公共団体の行政活動のための財源の主要なものは、現在、地方税として直接地方公共団体が住民から徴収するもの、国が国税として徴収した後その一部を地方交付税交付金又は地方譲与税譲与金等（以下「交付税等」と略称する。）として地方公共団体に交付するもの、本法の対象となる補助金等として国から地方公共団体に交付されるもの及び地方公共団体の借金である地方債の四種に大別することができよう。このうち、地方税として徴収されるものは、地方税法の定めるところにより地方公共団体の固有の財源としてその行政活動の財源に充当されるものであるが、交付税等及び補助金等は地方公共団体に対する国からの財源の付与であって、そのうち交付税等は地方公共団体の事務量等に応じて一括して交付されるいわゆる一般財源であるのに対し、補助金等は具体的な個々の事務又は事業に要する経費の財源の一部として交付されるものである。したがって、交付税等の使途がまったく自由であるのに対し、補助金等は厳格にその使途が特定されているのである。そのため、前者は一般行政活動の財源として、また、地方公共団体の自主性を発揮するような行政活動の財源に充当されることとなり、後者すなわち補助金等は地方公共団体の自主性と国家目的との調和を保ちながら具体的な個々の行政活動の財源すなわち後述する補助事業等の遂行のための財源に充当されることとなるのである。しかして、補助金等（地方財政計画上は国庫支出金として計上されている。）は、地方財政計画（令和二年度）上もその約一七％を占めており（注５参照）、補助金等の運用の如何は、ただちに国及び地方公共団体の行政活動に大きな影響を及ぼすこととなるのである。

なお、地方公共団体の支出は、国におけるのと同様に、原則として、地方債以外の歳入をもってその財源としなければならないとされ、①地方公営企業に要する経費、②出資金及び貸付金、③地方債の借換、④災害復旧事業費等、⑤普通建設事業費の財源とする場合は、地方債をもってその財源とすることができるとされている（財政法第四条、地方財政法（昭和二三年法律第一〇九号）第五条）。

（注５）地方財政計画歳入（通常収支分）

区　分	令和２年度		令和元年度	
	計画額	構成比	計画額	構成比
	億円	%	億円	%
地方税	409,366	45.1	401,633	44.8
地方譲与税	26,086	2.9	27,123	3.0
地方特例交付金	2,007	0.2	4,340	0.5
地方交付税	165,882	18.3	161,809	18.1
国庫支出金	152,157	16.8	147,174	16.4
地方債	92,783	10.2	94,282	10.5
使用料及び手数料	15,761	1.7	16,083	1.8
雑収入	43,776	4.8	43,887	4.9
歳入合計	907,818	100.0	896,331	100.0

※復旧・復興事業一般財源充当分及び全国防災事業一般財源充当分を除く。

補助金等適正化法においては、補助金、負担金、利子補給金等についての定義をしているわけではないが、一般的に法律用語上の使いわけとしては、以下のとおりであると考えられる。

二　補助金等の区分

(1)　補助金

補助金とは、国、地方公共団体等が特定の事務又は事業（産業の助成・社会福祉・公共事業等）を実施する者に対して、当該事務又は事業を助長するために恩恵的に交付する給付金をいう。この意味での補助金は、法令上又は予算上常に補助金とよばれるとは限らず、奨励金、助成金、負担金、交付金、給付金、補給金等の名称でよばれることもある。補助金の交付の主体は、国又は地方公共団体であるが、特別の法律に基づいて設けられた法人の場合もある。

(2)　負担金

負担金とは、国、地方公共団体等が自己の利害に関係のある事務又は事業に関して、法令により自己の経費として、負担すべきものとして交付する給付金をいう。負担という語は、法令上も字義どおり、負う、引き受けるという意味を表すのに用いられているが、債務、経費、費用等の金銭的給付義務を伴う経済的なものに関して用いられることが多い。

(3)　利子補給金

利子補給金とは、資金の借入れに係る利子の支払に要する経費の一部又は全部に充てるために、国、地方公共団体等が金銭を補給することをいう。

補給される金銭は、利子補給金といわれ一定の事業を補助するために行われることが多いが、その方式としては、その事業の主体に所要の資金を融通した金融機関に利子補給金の支払をするのが普通であり、これにより当該事業に対する補助の目的が達せられることとなる。

したがって、利子補給金は、補助金の一種である。

(4)　助成金

助成金とは、特定の事業を特に助成する目的で交付する金銭であり、経費の性格としては補助金と同様であるが、予算計上の経費の性格から特段の理由で助成することとされている場合に使われている。すなわち、公共事業、社会福祉、文教、産業振興等に対する補助と異なり、特定の事業を助成するという実態に着目して「助成金」の名称が付されている。

(5)　交付金

交付金とは、国が特定の目的をもって交付する給付金であり、法律に基づく義務的なものと任意的なものとがある。義務的なものとしては、国が地方公共団体に対し財源を配分するもの、税の代替的なもの、国の特定の事務を行う地方公共団体に対する所要経費を給付するものなどがある。

任意的なものとしては、地方公共団体等が行う事務に要する経費でその性質上特別の理由により、実質的に国が負担をする必要があることにより交付するものなどがある。

(6)　補給金

補給金とは、国、地方公共団体等がある者について生ずる一定の経費の不足を補うため交付する金銭のことをいう。この補給金は、貸付業務を行う特殊法人の運営に資するために交付するものが多い。

このほか元利補助金（資金の借り入れに係る元利の支払に要する経費に充てるため、国又は地方公共団体が補給する金銭をいう。）がある。元利補給金の例としては、激甚災害に対処するための特別の財政援助等に関する法律（昭和三七年法律第一五〇号。以下「激甚法」という。）第二四条による「小災害地方債元利補給金」がある（地方交付税法等の一部を改正する法律（昭和五七年法律第四五号）により激甚法第二四条が改正され、本補給金に係る部分が削除されたことにより、本補給金に係る予算は平成四年度予算以降計上されていない。）。

また、配当補給金（会社その他の法人が毎事業年度における配当又は配分することができる利益又は剰余金の額を支払済金額又は出資金額に対して一定の割合に達せしめるための補給金をいう。）は、法人に対する政府の財政援助の制限に関する法律（昭和二一年法律第二四号）第二条により、これを政府が交付することは一般的に禁止されている。

三　補助金等の分類

補助金等を各種の面から分類してみると、おおむね次のように分けることができよう。

(1)　法律補助と予算補助

補助金等の交付の根拠による分類であって、その交付の根拠が法律に基づくものを法律補助といい、法律に基づかないで歳出予算のみによるものを予算補助という。このように法律補助とは、国が補助金等を交付するについて根拠法令のあるものをいうわけであるが、その規定により、国が補助することを義務づけられているものと、単に補助することができる旨規定されているにすぎないものとがある。法律補助以外の補助金等は、すべて予算補助に属するものとなる。

(2)　予算補助と決算補助

補助金等の交付の算定時期による分類であって、補助金等の金額の算定基準を補助の対象となる事務又は事業の遂行前の収支見積りに基づいて交付するものを予算補助といい、事務又は事業の遂行後の決算に基づいて算定し交付するものを決算補助あるいは精算補助という。

(3)　定率補助と定額補助

補助金等の算定基準による分類であって、補助金等の額を補助すべき事務又は事業の所要額に一定の率を乗じて算出するものを定率補助といい、補助金等の額をその事務又は事業の所要額との比例的関係において算出するのでなく、他の観点から決定するものを定額補助という。

(4)　直接補助と間接補助

補助金等の交付の対象となる事務又は事業を行う者に、国が直接補助するものを直接補助といい、他の者を経由して間接的に補助するものを間接補助という。経由する段階が単一でなく、複数である場合もすべて間接補助となる。

四　補助率

次に、いわゆる国の補助率について若干説明を加える。

補助金等が国から交付される場合、その対象となる事務又は事業に要する経費の全額が交付されることは、補助金等の性格上一般には考えられないものであって、その経費の一定割合により補助金等として交付されるのが通常である。この割合を一般に補助率あるいは負担率と称している。

いわゆる補助率は、補助金等の交付の対象となる事務又は事業の性格により、また、その補助制度の創設されたときの社会情勢等により種々の割合――三分の一、二分の一あるいは三分の二等々――となっているが、一般的に、補助金等の交付の対象となる事務又は事業の性格が国にとって、すなわち、国民にとって重要なものほど、補助率が高いということができる。例えば、大災害の復旧事業費に対する国の補助率が高く、また、生活保護費に対する負担率が高いのは、このような趣旨によるものといえる。

このように、いわゆる補助率というものは、個々の場合について各種の要因を基礎として決定されるものであるが、前述からも明らかなごとく、補助金等の財源は主として租税であるから、補助率が高いということは結局一般国民の負担が多いということとなり、補助率の当否は直ちに他の補助制度にも影響するものであるといえよう。このような意味において、補助率の補助制度において占める地位はきわめて重要なものであり、補助率の決定、変更等は常に慎重に取り扱われなければならないものと考えられる。

なお、地方公共団体に対する補助金等については、国と地方の経費負担区分という考え方のもとに、一定の経費（地方財政法第一〇条〔国がその全部又は一部を負担する法令に基づいて実施しなければならない事務に要する経費〕第一〇条の二〔国がその全部又は一部を負担する建設事業に要する経費〕及び第一〇条の三〔国がその一部を負担する災害に係る事務に要する経費〕に規定されている義務教育職員の給与等の経費、道路、河川、港湾等の公共事業費及び災害復旧事業経費）については、その種目、算定基準及び国と地方公共団体とが負担すべき割合は法律又は政令で定めなければならないものとされており（地方財政法第一一条）、いわゆる負担率の決定、変更は法律、政令事項とされていることに注意すべきである。

第二章　総　　則

第一節　本法の目的

一　補助金等に対する認識の転換

補助金等に係る予算の執行の適正化に関する法律の目的は、その第一条に「この法律は、補助金等の交付の申請、決定等に関する事項その他補助金等に係る予算の執行に関する基本的事項を規定することにより、補助金等の交付の不正な申請及び補助金等の不正な使用の防止その他補助金等に係る予算の執行並びに補助金等の交付の決定の適正化を図ることを目的とする」と規定されているとおりである。しかしながら、この条文からは、如何なる対策によって「補助金等の交付の不正な申請及び補助金等の不正な使用」を防止し、また、「補助金等に係る予算の執行並びに補助金等の交付の決定」の適正化を図ろうとするものであるかが、必ずしも明白でないが、これを更に具体的に説明するならば、本法の目的とするところは次の二つであるということができる。

その第一は、公金あるいは国の資金（Public Fund）というものに対する一般の、特に補助金等の受領者の認識を一八〇度転換することである。

補助金等がそれに相当する反対給付を求めない金銭の給付であるため、ともすれば、補助金等の受領者に、補助制度本来の目的を忘却して恣意的に消費しようとする誘惑を感じさせるおそれがある。その上、補助金等の大部分は団体、それも地方公共団体に交付されるものであり、したがって、恣意的な消費といっても、それは交付者である国の側——すなわち、財源を負担する国民の側——からみた場合に背信的なものではあっても、団体の理事者自体が横領等によって私腹を肥やすことを図るものでない限り、補助金等の交付を受ける団体側からは、ともかくその団体に対して何等かの財源的寄与をなすありがたい行為であるとみなされないとも限らない危険がある。

国の資金は、国民から徴収された税金その他の貴重な財源でまかなわれるものであり、あくまでも国民全体から政府が信託されたものであることはいうまでもない。したがって、たとえ個人の私腹を肥やさないとしても、故なく国民の一部あるいは一地方の利益のみのために使用されるべきではない。一定の目的、一定の条件のもとにおいてのみ、財政的に援助する又は費用を負担する理由があるのであって、この目的あるいは条件に背いた補助金等の取得、使用は一地方の利益とはなっても、国全体からみれば納税者の利益に反し、反公益的な行為となるということを社会一般がはっきり認識する必要がある。また、「国が負担すればよい」、「国の負担を増やせばよい」等ということがしばしばいわれているが、これは結局国民の負担を増やすことになるものであるという基本的認識を忘れてはならないであろう。

こうした国民の一部あるいは一地方の利益になりさえすれば国民全体の利益はどうなってもよいという誤った考え方を改めさせ、手段を問わずに何としてもより多くの補助金等を獲得しようとする行為は名誉どころではなく、明瞭に反社会的な行為であるという観念を植えつけようとするのが本法の第一の目的である。本法の取締法規的な諸規定が、国の資金に対する一般の道義的な考え方を確立し、これに違背する行為に対しては、刑事罰をもって規制しようとしているのは、このような考え方に基づくものである。

本法といえども、他の刑事罰規定を含む行政法規と同じく、決して罰則の適用自体が目的ではないことはいうまでもない。本法の目的とするところは、こうした国の資金に対する従来の誤った考え方を根本的に改めることにより、補助金等の交付の適正化を期そうとするところにある。補助金等の申請をする側の自粛、協力を求めることにより補助金等の不正不当な支出の防止が図られるものと考えられるのである。

他方、国会審議の過程においては、補助金等を受領する者の責任を問うだけでは一方的であるとの認識の下に、補助金等を交付する官庁側の責任についても厳しく問われたところである。その結果、各会派共同で次の修正案が提出され、全会一致で可決されている。また、交付側の職員の責任については、国家公務員法違反（懲戒）や予算執行職員等の責任に関する法律違反（弁済責任）の場合もあると考えられる。

○補助金等に係る予算の執行の適正化に関する法律案に対する修正案

補助金等に係る予算の執行の適正化に関する法律案の一部を次のように修正する。

第一条中「予算の執行の適正化」を「予算の執行並びに補助金等の交付の決定の適正化」に改める。

第六条に次の一項を加える。

3　前項の規定により補助金等の交付の申請に係る事項につき修正を加えてその交付の決定をするに当つては、その申請に係る当該補助事業等の遂行を不当に困難とさせないようにしなければならない。

第二十九条に次の一項を加える。

2　前項の場合において、情を知つて交付又は融通をした者も、また同項と同様とする。

第三十一条中「六月以下の懲役又は」を削る。

第三十三条第一項中「地方公共団体」を「国又は地方公共団体」に、同条第二項中「地方公共団体において」を「国又は地方公共団体において」に、「当該地方公共団体」を「各省各庁の長その他の職員又は地方公共団体」に改める。

二　補助金等交付手続の統一化、明確化

本法の目的の第二は、従来各省ごとに何等の統一なく行われてきた補助金等の交付の申請、交付の決定、補助事業等の遂行の監督及び精算等に関する手続並びにそれらの法律関係を統一化、明確化することにある。本法の規定される以前においても、補助金等の交付等の基準、手続等についての定めが全くなかったわけではない。個々の補助立法において、あるいは交付官庁の内規として、個別にあるいは断片的に設けられていたものもあるが、補助金等の交付の申請からその精算にいたるまでの手続等を一貫して法定したものは、本法が初めてであり、また、本法によってのみそれは可能なことであったということができる。

後に説明するとおり、本法は、補助金等の交付に当たっての審査その他補助金等の交付者としてなすべき職務上の義務を明確に規定している（第六条）のをはじめ、交付すべき対象が決まった後においても補助事業者等の事業の遂行が能率的に行われるように必要な措置をとるべきことを義務づけ（第一二、一三条等）、また、補助事業等

が完了して補助金等の額を最終的に確定する場合における審査の基準を定め（第一五条）、あるいはその場合に精算して残余があればこれを返還させることとする（第一八条）等、補助金等の交付の対象となる事務又は事業の完了にいたるまでの基本的な手続を法定している。このように、従来統一的には行われていなかった補助金等に関する具体的な手続関係を統一的に定めるとともに、手続関係を明確化することにより、補助金等に係る予算の執行の適正化を図ろうとしているのである。

三　補助金等適正化連絡会議

本法の目的は、換言すれば「補助金等が法令及び予算で定めるところに従ってもっとも公正、かつ、効率的に使用されるようにすること」にあるということができよう。しかしながら、法は制定されただけではその目的を充分に達成し得るとは限らず、その円滑、適切な運用がなされてこそはじめてその目的を充分に達し得るものであることはいうまでもない。したがって、本法の目的を完全に達成するためには、まず当然に本法の円滑なる施行運用が図られる必要がある。本法には、手続の統一化、明確化を図るという目的から、きわめて当然と思われるような事項も規定されている。それにもかかわらず、この法律の制定が非常に大きな反響を呼んだ所以は、前述の第一の目的を達成するため罰則規定が設けられたところにあると考えられる。そこで、法の内容を知らないがために思わざる制裁を受け、その結果、国が期待する補助事業等の円滑な遂行に支障が生ずることがあっては、折角の本法もその目的を充分に達することができないこととなる。このような観点から、「本法の円滑な運営を図るため必要な関係行政機関相互の連絡協議」等を行なうため、大蔵省（現在の財務省）に「補助金等適正化中央連絡会議」（以下

「中央連絡会議」と略称する。）を、大蔵省財務局（現在の財務省財務局）に「補助金等適正化地方連絡会議」を設置（昭和三〇年一〇月二一日閣議了解。基本通達4参照）して、本法の運用の万全を期することとされた。

中央連絡会議においては、本法の運用上重要な事項が決定されており、これらの決定事項は本法の解釈にあたっても欠かすことができないものが多い。巻末にそれらの決定事項を掲げるとともに、本文の関係箇所で適宜引用することとしているので参照されたい。

補助金等の予算の執行の適正化に資するため、毎年度の「予算執行に関する手続等について」の閣議決定に基づき、財務大臣が中央連絡会議に毎年諮って決定される「指定補助金」がある。新規補助金のうち指定補助金については、交付決定前に、経費の費目、算定基準、交付要綱、交付決定通知書等について、各省各庁と財務省主計局が協議して決定する。協議に当たっては、①補助金等の交付要綱等補助金等の執行に当たり補助関係を規制するものは、予算の目的、査定の趣旨を達成するため、必要かつ十分な規定がなされているか②補助金等適正化法の趣旨、目的に照らし、補助金等の不正使用を防止し、補助金等の執行の適正化を図るため、必要な事項がもれなく、明確に規定されているか③補助金等の交付の決定につき、交付の決定の内容の規制方法、交付の決定に付すべき条件等について、中央連絡会議で決定されている事項がもれなく明確にされ、他の補助金等との均衡が図られているか等を重点に調整が行われている。

第二節　本法の性格

一　公法、行政法、財政管理作用法

本法は、補助金等に係る予算の執行に関し必要な事項を規律する法規である。したがって、私人間の関係を規律する私法ではなく、いわゆる「公法」に属するものであるということである。また、国の財務行政作用を規律するものであるという意味では、「行政法」である。すなわち、国の活動にはいわゆる三権分立として立法、司法及び行政の各分野があるが、本法は、補助金等に係る予算の執行、すなわち国の財政活動に関し規律するものであるから、いわゆる「行政法規」に属するものである。また、予算執行のごとき財政管理作用については、憲法を頂点として、財政法が基本的な事項を規律しているところであるが、これらの財政管理作用のうちの補助金等の予算執行に関して本法が所要の事項を規律しているという意味では、本法は財政法を補完する「財政管理作用法」としての性格をもつものというこができるであろう。しかし、国の内部的手段たる国の財産及び収支の管理作用を規律する財務会計法規と同質のものであるということを意味するわけではない。

二　補助制度に関する一般法、基本法

本法は、補助行政の基準としての一般原則を規定したものであって、前述の目的のところで明らかにしたように、補助金等に関する手続及びその法律関係を統一化、明確化したものである。したがって、本法は補助金等の交

付の手続に関する一般法であるということができる。通常、一般法と特別法が並存する場合は、特別法優先の原則が働くのであるが、本法の場合は、本法に対する他の補助立法の関係は、むしろ例外規定ないし補充規定という立場にある。したがって本法は、単に補助制度に関する一般法であるというのみでなく、基本法、原則法という性格を有するものといえる。この点は、本法第四条に「補助金等に関しては、他の法律又はこれに基く命令若しくはこれを実施するための命令に特別の定のあるものを除くほか、この法律の定めるところによる」と規定され、補助金等に関する限り、本法が基本法たる性格を有する旨、明らかにされている。したがって、他の法律及びこれに基づく命令若しくはこれを実施するための命令において異なった「特別の定め」がなされていない限り、常に本法が優先して適用されることとなる。ここで「特別の定め」とは、第四条の規定から明らかなように、法律によるか、あるいはこれに基づくいわゆる委任命令又は執行命令によるものでなければならず、したがって、法律に基づかないいわゆる予算補助については、本法の規定が排他的に適用されることはいうまでもない。

次に、他の法令等に基づく「特別の定め」が適用された場合における本法の具体的な適用方法はどうなるかということが問題になるが、本法はこのような場合を考慮して、一般的には実体をとらえて規定し、「特別の定め」が適用されない部分についてはすべて本法の規定が適用できるようにされている。すなわち、例えば、本法第六条第一項で「補助金等の交付の申請があったときは……」と、第一五条で「補助事業等の完了又は廃止に係る補助事業等の成果の報告を受けた場合においては……」と、第二〇条で「補助事業者等が補助金等の返還を命ぜられ……」等と規定されており、「第何条の申請」、「第何条の報告」あるいは「第何条の返還命令」等と規定されていないが、これは、このような趣旨に基づくものである。

第三節　適用の対象

一　補助金等の意義

(1)「補助金等」とは補助金、負担金、利子補給金及び政令で定める給付金をいう

本法が「補助金等」に係る予算の執行に関して適用されることはいうまでもないが、その「補助金等」とは一体何を指称するものであるかは、場合によって刑事罰の適用まで受けるおそれのあるものである以上、まず明確にされなければならない点である。

本法第二条第一項は、この「補助金等」の内容を、国が国以外の者に対して交付する

① 補助金
② 負担金（国際条約に基く分担金を除く。）
③ 利子補給金
④ その他相当の反対給付を受けない給付金であって政令で定めるもの

と規定している。

すなわち、まず、国が国以外の者に対して交付するものであるから、例えば都道府県が市町村等に対して交付する補助金、負担金等は名称が補助金、負担金等となっていても、本法の「補助金等」には該当しないので本法は適用されないことはいうまでもない（ただし、後述の「間接補助金等」に該当する場合には、間接補助金等に関する

本法の規定が適用されることとなる。）。

では国が国以外の者に対して交付する補助金、負担金あるいは利子補給金とは、具体的にいかなるものをいうのであろうか。補助金、負担金及び利子補給金という言葉は、一般に予算科目あるいは行政法規の中で頻繁に使用されてはいるが、必ずしもこれらの区別を明確に定義づけることは容易でない。ただ、その字句からこれらを一般的に定義づけるならば、補助金とは、「相手方が行う事務又は事業に対して、これを助成するためにあるいは奨励するために、財政的な援助として交付する給付金」であり、負担金とは、「相手方が行う事務又は事業につき、交付者側も一定の義務あるいは責任があるので、その義務あるいは責任の程度に応じて、相手方に対して交付する給付金」であるということができよう。また、利子補給金とは、「資金の融通を行う者に対して、当該資金の融通を受けて行う事務又は事業の助成、育成等のため、当該資金に係る利息の全部又は一部に相当する額を交付するもの」であるといえよう。しかし、これらは一応の考え方であるに過ぎず、特に、補助金あるいは負担金という名称が現在すべてこのような区別のもとに使われているというわけではない。例えば、義務的な給付金と考えられる負担金の中にも、法律に「負担することができる」と任意的に規定されているものもあり、また、任意的な給付金と考えられる補助金の中にも、その根拠法に「補助するものとする」と義務的に規定されているものもある。また、法律の規定における表現と予算科目における名称とが異なっている場合も多い。更に、地方公共団体に対するものについては、地方財政法第一〇条、第一〇条の二、第一〇条の三に規定されている種類のものを負担金といい、第一六条の規定に基づくものを補助金というものとされているが、実際の名称がそのように明確に区分されているわけではない。総じて補助金あるいは負担金という表現は、現在必ずしも明確な区別なしに使用されているのが実情であるということができる。

しかしながら、これらの給付金は、一つの共通した特殊性、すなわち、「相当の反対給付を相手方に求めないで交付する金銭である」という性格を持っており、こうした経費の性格が国に対して何らの債務を負わないという解放感を相手方に感じさせ、そのため、不正、不当支出に陥りやすいものとなっているのである。しかして、この共通する経費の性格こそ本法の制定を必要とした最大の理由であることは、既に説明したとおりである。したがって、補助金、負担金等を個々に定義づけて区別する実益は認められないものと考えられ、そのため、本法はこれらの給付金を何等の差別なく一様に「補助金等」として取り扱うこととし、個々の定義を設けていないのである。

なお、利子補給金を補助金、負担金と同様に補助金等適正化法上当然適用としているのは、利子補給金は、低利融資を行う金融機関等に対して交付される給付金であり、補助金、負担金と異なり、補助事業等の経費に直接充当するものではないが、国が国以外の者の行う事務又は事業に対し、相当の反対給付を受けないで、交付する給付金である点においては共通性があることから、補助金、負担金と同様に取り扱うこととしたものである。

(2) 補助金等は三つの共通した性格を持っている

そこで、前述したこれらの給付金すなわち「補助金等」における共通した特殊性について、更に分析を加えてみよう。

その第一は、「相当の反対給付を受けない」(片務性)という点である。ある者が国から一〇〇万円の金を受け取り、これに対して一〇〇万円に相当する物を国に譲渡することとなれば、これは普通の物の売買であり、当然相当の反対給付を受けるといいえよう。ところが、「補助金等」が交付される場合においては、その交付の対象となっている一定の事務又は事業の遂行あるいは完成という義務づけがあるとはいえ、当該事務又は事業の直接の利益なり効果なりあるいは法律関係なりは、すべて「補助金等」の交付を受ける者に帰属する以上、「相当の反対給付」があるものとはいえないであろう。「相当の反対給付」とは、右の売買の一〇〇万円に相当する物のごとく双務契約において相手方が給付すべき対価的関係にある役務あるいは物を意味するものと解されるからである。しばしば「補助金をもらう」という言葉が使われているが、この「もらう」という言葉が「補助金等」の特殊性をよく表わしているといえよう。なお、国が国以外の者に対して交付する給付金がすべて相当の反対給付を受けないものというわけではない点に注意しておく必要がある。国が地方公共団体あるいは民間団体に対して調査事務等を委託する場合に交付する委託費についてみれば、相手方は委託費の交付を受ける代わりに、反対給付として調査事務等を実施し、調査結果等を国に提供するわけであるから、国は相当の反対給付を受けるものといわなければならない。しかし、更に委託費の実態を検討すれば、中には委託費の名称が用いられながら、相当の反対給付を受けない補助金的な性格のものが含まれていることがわかる。このようなものに「委託費」の名称が付されているのは適当とはいえないのであるが、委託費として計上されている以上、補助金、負担金、利子補給金のいずれにも属さないものとなるため、これを補助金等として規制することは、当然にはできないこととなる。このため、このような委託費については、第四号の「相当の反対給付を受けない給付金であって政令で定めるもの」として政令指定する必要が出てくるのである（なお、新規の給付金については、その性格が実態的にみて補助金等に該当すると認められる場合には、「委託費」の名称を用いることのないよう取り扱われているが、既存の「委託費」についてもその実態が補助金等に該当するのであれば当該名称を適宜見直すべきであろう。）。

補助金等に共通する性格の第二は、「相手方が利益を受ける」（受益性）という点である。前述の相当の反対給付がないということを裏からみれば、「補助金等」の交付を受けた相手方が利益を受けることになるのは当然のことと考えられるが、更に、「補助金等」の交付を受けなければ、事務又は事業の主体が自主的にすべての財源を調達しなければならないし、しかも、当該事務又は事業の直接的かつ具体的な効果のすべてが「補助金等」の交付を受ける者に帰属する意味においても、「補助金等」はその交付の相手方に利益を与えるものといえるのである。しかしながら、相当の反対給付を受けないものは、すべて相手方が利益を受けるものかといえば、必ずしもそうでない点に注意しておく必要がある。例えば、損失補償金のごときは、一般に国がある種の事業を実施するにともない通常生ずべき損失を補償するものであって、相手方は国に対して相当の反対給付をなすわけではないが、損失が補償されるだけで特段の利益を受けるわけではない。しかし、さらに損失補償金の実態を検討すると、本来相手方の負担に帰すべき損失を、国が政策的配慮から補償するような性格のものもみられる。このような損失補償金については、相手方が利益を受けるものと考えられるから、前記の委託費と同様、第四号の政令指定すべき給付金ということができよう（「損失補償金」についても、「委託費」と同様、補助金等としての性格を存する場合には、「損失補償金」の名称を用いないこととしている。）。

補助金等の共通性格の第三は、「使途が定められている」（特定性）という点である。以上のような相当の反対給付を受けず、相手方に利益を与えるような金銭について、国がその使途を定めて交付するのはごく当り前のことであるといえよう。「補助金等」は、それが特定の用途に確実に使用されることによって、国の経費としての所期の効果もまた確保されるのである。ただし、相当の反対給付を受けず、相手方に利益を与える給付金の全てが、その使途を特定されているわけのものではない点に注意しておく必要がある。例えば、報償金のごとき給付金は通常相手方に対し無条件で交付される金銭であり、特に使途が定められていない。このような経費は、補助金等として規制する必要がないことはいうまでもないであろう。

以上に挙げた三つの性格は、補助金、負担金及び利子補給金のおおむね最大公約数ともいうべきものであり、また、この共通的な性格はそのまま本法第二条第一項第四号によって政令で指定すべき経費選択の基準ともなるべきものである。

(3) 補助金か負担金か利子補給金かは法律と予算の目で決まる

次に、具体的な経費が前述した補助金、負担金又は利子補給金のいずれに該当するとして本法が適用されるものであるかを説明しよう。すなわち、具体的な「補助金等」において法律上の呼称と予算科目のそれとが異なる例は従前はしばしば見受けられるところであったが、かかる場合本法は、いずれの呼称により適用されることとなるかを明瞭にする必要があろう。

一般に、補助制度は、補助等の根拠が法律に規定されているいわゆる法律補助と、補助等の根拠が予算措置のみによるいわゆる予算補助とに分けられることは前述した。まず法律補助においては、その法律こそ当該補助等についての根拠といえるのであるから、当該経費の予算科目の名称はなんであろうとも、当該法律の呼称によって本法の補助金、負担金又は利子補給金に該当すると解するのがもっとも適当であろう。したがって、補助等の根拠法において「補助する」あるいは「補助することができる」「負担する」あるいは「負担することができる」、「利子を補給する」あるいは「利子補給金を支給する旨の契約を結ぶことができる」等と規定されていれば、それぞれ本法の補助金、負担金又は利子補給金として本法が適用されるものと解すべきである。また、予算補助においては、予算のみが補助等の唯一の根拠であるとともに、現在の予算の科目においてはその「目」がもっとも端的に経費の性格を表わすものと考えられるので、これによって本法が適用されるものと解するのがもっとも適当であろう。すなわち、予算の科目の「目」の呼称が補助金、負担金又は利子補給金となっていれば、それぞれ本法の補助金、負担金又は利子補給金として本法が適用されるものといってよい。

右のような解釈によれば、法律補助に属するものについては、根拠法に「奨励金を交付する」「損失を補償する」等と規定してあれば、予算科目の「目」の名称が補助金あるいは負担金となっていても、本法の「補助金等」には該当しないこととなり、他方、予算補助に属するものについては、「目」の名称が交付金、補給金、助成金、損失補償金等となっている限り、その経費の性格いかんにかかわらず本法の「補助金等」に該当しないこととなる。しかしながら、これらの経費の中には、前述のとおり補助金等に共通した性格を有するものもあり、そういう経費については、その性格から本法を一様に適用することとするのが望ましいわけである。このような趣旨のもとに、本法は、かかる経費を具体的に政令で指定して本法を適用することができるよう規定しているわけである。これが、本法第二条第一項第四号「その他相当の反対給付を受けない給付金であって政令で定めるもの」という規定であり、具体的には、施行令第二条により、現在（令和二年六月）一八五の給付金が指定されている。

(4) 補助金、負担金の交付金化等

平成五年六月の衆議院及び参議院両院の「地方分権の推進に関する決議」を契機とした一連の地方分権改革（第一次地方分権改革、三位一体の改革及び第二次地方分権改革）や地方創生等の政策課題への対応を行う中で、補助

金、負担金の交付金化が進められてきた。交付金化の内容については様々であるが、その目的はおおむね使途の拡大や運用の弾力化にあるといえる。

補助金、負担金の交付金化に係る具体的な考え方については、巻末の参考資料二二一頁から二二八頁までに示されているところだが、その一端を紹介すると、「地方分権推進計画」（平成一〇年五月二九日閣議決定。基本通達6参照）においては「国の過度の関与等により地方公共団体の自主的・自立的な行政運営が損なわれることがないよう、運用・関与の改革を図る」との観点から「個別具体の事業箇所、方法等を特定せず、対象人員等の客観的基準により国庫補助負担金を交付する総括的な助成方式とすることなどにより、地方公共団体の自主性が高められる方向で交付金化を推進する」こととしている。また、「地域再生基本方針」（平成一七年四月二二日閣議決定。基本通達9参照）においては「地域再生に資する政策テーマごとに、各々の目的、機能の範囲内であれば、手段の選択や交付額の充当を地域の裁量にゆだねる方向で、交付金化などの補助金改革を推進する。また、類似の目的・機能を有する補助金が省庁ごとに並立している場合には、省庁の壁を超えた交付金化などの補助金改革を進める」とし、留意点として「新たに創設する交付金は、地域が期間を限って目標を掲げ、その達成に責任をもって取り組むことを明示している場合には、国が掲げる目的・機能の範囲内で地域の自主裁量性を尊重するとともに、期間全体にわたって支援しうる仕組みとして構築する。この際、地域が定める計画の範囲内において、施設等の間における予算の融通、年度間の事業量の変更が可能となる仕組みとする。」としている。

なお、交付金化された給付金が引き続き本法の適用対象であるか否かについては、それぞれの交付金化の趣旨内容によるところとなる。

二　間接補助金等の意義

⑴「間接補助金等」とは補助金等が財源となって交付される給付金をいう

以上は、国が国以外の者に対して直接交付する給付金であるが、これらの補助金等は、国から直接にその交付を受ける者に対してのみ財政的な援助を与えるものであるとは限らない。むしろ、補助制度の一般においては、補助金等が国からその最終の使用者に直接に交付される場合は必ずしも多くはなく、特に補助金等が現実に使用される事務又は事業が全国的に散在し、あるいは地方の利害との調整を図る必要のある経費等については、国はまず都道府県あるいは市町村等の地方公共団体に交付し、しかる後これらの地方公共団体の手によって、最終の使用者に分配される例が普通とされている。したがって、補助金等の支出の適正を期するためには、単に、国から直接に交付される給付金についてのみ規制を加えるのでは不充分であって、右に述べた最終の段階にまで所要の規制が及ばなければ意味のないことは当然のことであろう。本法はかかる見地から、国の経費として支出された補助金等がいくつかの中間者の手を経て最終の使用者に渡るまでの過程についてすべて適正な執行を確保しうるように「間接補助金等」という概念を設けて、必要な規制を加えることとしているのである。補助金等適正化法における間接補助事業者等に対する規制の方法として、仮に市町村が間接補助事業者等であり、都道府県が直接の補助事業者等である場合を考えると、国と直接に関係する都道府県との関係を第一次的に規定し、さらに国と間接補助事業者等である市町村との実質的な関係に注目し、当該間接補助事業者等が少くとも国との実質的な関係において守るべき事項を規定したのである。

すなわち、間接補助事業者等についての補助金等適正化法の規制は、第三条第二項、第一一条第二項、第一七条第二項、第二三条第一項、第二四条、第二九条、第三〇条、第三一条第三号、第三二条、第三三条の諸条項である。

国は、これらの諸条項では間接補助事業者等に対しては、原則として補助事業者等を通じて間接に規制しうるにすぎないが、例外的に、立入検査等の規定（第二三条第一項）においては、間接補助事業者等を直接規制対象としている。このような「間接補助金等」の定義を定めているのが、本法第二条第四項の規定である。以下、その内容について簡単に説明を加える。

まず、第二条第四項第一号の「間接補助金等」であるが、これは、交付される給付金自体が中間の交付機関を経由して最終の使用者に渡るまでの金銭をとらえているものであって、次の三つの条件が規定されている。その第一は、「国以外の者が相当の反対給付を受けないで交付する給付金」ということ、すなわち、補助金等について前述した三つの性格をもった給付金であって、国以外の者が交付するものということである。これは、例えば都道府県（国以外の者）が、市町村に対して、国が国以外の者に対して交付する補助金等と同じように、市町村から相当の反対給付を受けないで交付する給付金のようなもののことである。その第二は、「補助金等を直接又は間接にその財源の全部又は一部とする給付金」ということである。これは、国以外の者が交付する給付金の財源が補助金等であって、その財源となる形が、例えば国から直接に補助金等の交付を受けた都道府県がそれを財源として市町村に給付金を交付する場合のように、補助金等を直接に財源とする場合及び当該市町村（国以外の者）がその都道府県から交付を受けた交付金を更に農業協同組合等に交付する場合のように、補助金等を間接に財源とする場合のいずれをも含むものである。なお、この間接に財源とする場合にあっては、最終の使用者までの間に何段階あっても、それらはすべて補助金等を間接に財源とするものであるといえる。また、補助金等を財源とする場合に、その額と同額が国以外の者から交付される場合すなわち財源の全部となる場合はもとより補助金等に国以外の者が自己の財源を加えて交付される場合すなわち財源の一部となる場合も含まれるものであるということである。その第三は、「補助金等の交付の目的に従って交付する給付金」ということである。これは、いうまでもなく、以上によって交付される給付金が補助金等をその財源としているのであるから、当該給付金がその財源となった補助金等の交付の目的に従って交付されるものであるということである。

次に、第二条第四項第二号の「間接補助金等」であるが、これは交付された給付金が利子補給を目的としている場合における当該利子補給の対象となった融資金を「間接補助金等」としてとらえているものである。すなわちその内容は、まず「利子補給金（補助金等）又は利子の軽減を目的とする第一号の給付金（間接補助金）の交付を受ける者が融通する資金」ということである。そしてこの場合は、第一号の場合と異なり、利子補給金又は利子の軽減を目的とする第一号の給付金が財源となって当該資金が融通されるのではなく、これらの給付金は、当該資金の利子の全部又は一部に充当され、それだけ当該資金の利子が軽減されて融通されることとなるものである。次に、「利子補給金又は利子の軽減を目的とする第一号の給付金の交付の目的に従って融通する資金」ということである。利子補給をするからには相応の公益性を有するものであることはいうまでもないであろう。このような意味において、融通される資金がこれらの交付される給付金の交付の目的に従って融通されるものであるべきことを明定しているのである。

なお、国から貸付原資について財政援助を受けた者が融資する貸付金については、利子補給金又は利子の軽減を目的とする補助金等の交付を受ける者が、その交付の目的に従い、利子を軽減して融通する資金には該当しないため、間接補助金等とはならない。

(2)　補助金等と間接補助金等とはどういう関係にあるか

以上、補助金等及び間接補助金等について説明を加えたが、更にこの両者の関係について簡単に説明を加えよう。

国が、歳出予算の範囲内において補助金等を地方公共団体あるいは民間法人等に交付した場合に、その補助金等の受領者が自分で事務又は事業などを補助金等の交付の目的に従って行えば、その補助金等はこれらの事務又は事業に直接使われることとなるわけであるが、それを更に補助金等の交付の目的に従って事務又は事業を行う他の者へ交付した場合には、この金は間接補助金等になる。この間接補助金等を受領した者が更に同じように他の者に交付しても、やはりその金は間接補助金等の概念に含まれることになる。すなわち、金銭の形で交付されていく限り、どこまでいっても間接補助金等という概念に含まれるのである（図参照）。もっとも、この場合において相当の反対給付なしに、そして補助金等の交付の目的に従って交付されるものでなければならないことは、当然である。

補助金等又は間接補助金等というのは以上のようなものであるから、純粋に都道府県費あるいは市町村費からのみ出される補助金のようなものは、ここでいう補助金等あるいは間接補助金等には該当しない。よく三分の一国庫補助、三分の一都道府県費補助などというような補助があるが、この場合に国庫から三分の一が都道府県へ補助金

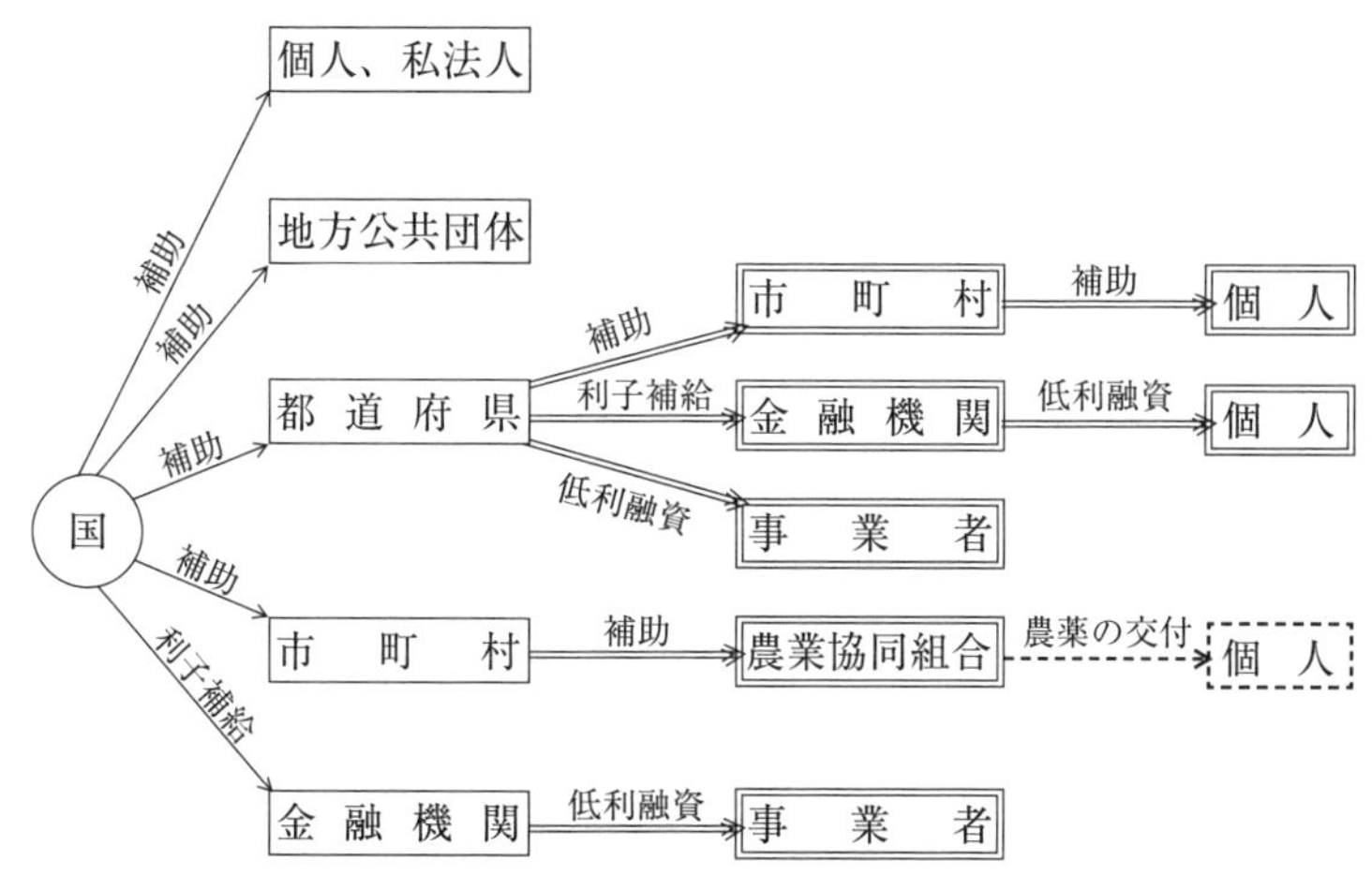

（上図についての説明）

→ 補助金等

□ 補助事業者等

⇒ 間接補助金等

◻ 間接補助事業者等

--→ 補助金等でも間接補助金等でもない

⬚ 補助事業者等でも間接補助事業者等でもない

等となって支出され、更に都道府県の自己財源を三分の一加えてその都道府県から市町村へ流れるようなときは、この全体が間接補助金等になるわけである。しかし、この場合に、国費が直接に市町村へ交付され（これは当然補助金等に該当する）、別に都道府県から市町村に給付金が交付されるようなときは、この都道府県から市町村へ交付される金銭は補助金等とは全く関係がないものであり、間接補助金等の概念には当てはまらないわけである。

三　その他の用語の定義

本法の適用の限界を給付する金銭の面から定義したものは前述のとおりであるが、これらの金銭は現実には一定の用途に使用されるものであるから、これらの用途すなわち事務又は事業を規制の対象としなければならないことはいうまでもなく、本法はこれを、「補助事業等」及び「間接補助事業等」と定義している。すなわち、補助金等の交付の対象となる事務又は事業が「補助事業等」であり（本法第二条第二項）、また、間接補助金等の交付又は融通の対象となる事務又は事業が「間接補助事業等」である（同条第五項）。

また、本法には、本法の適用を受ける主体面からみた場合に、交付者を別にして、前述の補助事業等を行う者を「補助事業者等」と（本法第二条第三項）、間接補助事業等を行う者を「間接補助事業者等」と（同条第六項）、それぞれ定義づけている。更に本法は、補助金等の交付者側については、一般的に総称する場合には「国」という概念を使用し、交付の決定処分その他の具体的な行為の主体を指称する場合には「各省各庁の長」という概念を用いている。そして「各省各庁の長」については、財政法第二〇条第二項の「衆議院議長、参議院議長、最高裁判所長官、会計検査院長並びに内閣総理大臣及び各省大臣」の定義をそのまま用いている（本法第二条第七項）。

四　適用除外

本法が補助金等に関する基本法である限り、補助金等に関しては、あらゆる場合に統一的に適用されるのが最も望ましいことはいうまでもない。したがって、第四条に規定する「特別の定め」に該当しない限り、たとえ他の補助法令に本法と同趣旨の規定があっても本法が優先して適用されるものであり、また、「特別の定め」に該当する他の補助法令の規定が適用される場合であっても当該特別規定に関する事項についても、前述したように本法がその間隙を補足する関係となるわけである。

「特別の定め」の例を挙げると、公共土木施設災害復旧事業費国庫負担法（昭和二六年法律第九七号）第七条（災害復旧事業費の決定）などがある。

ところが、補助金等はきわめて多種多様にわたるものであるため、中にはきわめて特異な補助制度もありうるのであって、本法の制度のようないわば一律的な制度によっては律し難い場合あるいは本制度によることはむしろ適当でない場合もありうると考えられるので、このような場合には、本法の規定の一部を適用除外することができることとし（法第二七条）、補助金行政のより適切、かつ、円滑な執行に資することとしている。しかしながら、この適用除外の規定が適用されるのは、「他の法律又はこれに基づく命令若しくはこれを実施するための命令に基づいて交付する補助金等」に限られるのであって、いわゆる予算補助に属する補助金等については、本法の規定がすべて適用されることとなる。なお、適用除外すべき規定は政令をもって定めることとなっているが、現在までのところこの政令は定められておらず、したがって本法が適用除外される補助金等はない。

第四節　関係者の責務

本法の目的が、補助金等の公正かつ効率的な使用にあることは、前述したところであるが、その目的を達成するためには、補助金等の交付をする者も、補助金等の交付を受ける者も、また、間接補助金等の交付を受ける者も、ともにできる限りの努力を払ってその目的の達成に努めなければならないものであることはいうまでもないであろう。そこで本法は、特に、第三条において関係者の責務に関する規定を設けている。まず、交付者側の責務については、「……補助金等が法令及び予算で定めるところに従って公正かつ効率的に使用されるように努めなければならない」と規定し、また、受領者側の責務については、「……法令の定及び補助金等の交付の目的又は間接補助金等の交付若しくは融通の目的に従って誠実に補助事業等又は間接補助事業等を行うように努めなければならない」と規定するとともに、更に「補助金等が国民から徴収された税金その他の貴重な財源でまかなわれるものである」ことを明定し、もって、補助金等に係る予算の執行につき関係者の基本的な責務の内容を明らかにしている。本条は、あたかも、訓示的規定の観があるが、本条こそ本法の全神経が集約されたものともいえるのであって、本法の全体を通じての指導精神として貴重な解釈原理を提供しているものということができる。

第五節　本法の施行期日等

一　施行、適用

本法は、昭和三〇年七月三〇日第二二回国会を通過し、同年八月二七日に公布された。そして、本法附則第一項により、公布の日から起算して三〇日を経過した日から施行することとなっているので、同年九月二六日から、その施行令とともに施行されたのである。そして、同項ただし書の規定から明らかなごとく、昭和二九年度分以前の予算により支出された補助金等及びこれに係る間接補助金等に関しては適用されないのであるから、昭和三〇年度の予算により支出された補助金等及びこれに係る間接補助金等から適用されることとなった。

しかしながら、本法が施行された日は、昭和三〇年度予算の施行の途中であったため、同年度の予算により支出された補助金等及びこれに係る間接補助金等に関する交付の決定その他の手続等については、すでにその一部が本法の施行前に行われていたわけである。そのため、昭和三〇年度の予算に基づくもので本法の施行される前に補助金等の交付の決定その他の行為が行われていたものについての特例が必要とされ、かかるものについて、本法附則第二項により、「政令でこの法律の特例を設けることができる」こととされた。このため、本法施行令附則第二項及び第三項により、後述する加算金の計算の起算点についての特例及び本法施行前になされた返還命令に関する加算金、延滞金、他の補助金等の一時停止の規定等の適用排除について規定されたのである。

二　独立行政法人等の補助金等への準用

本法が適用される補助金等は、国が交付するものであることはいうまでもないが、日本中央競馬会並びに国立研究開発法人情報通信研究機構及び独立行政法人石油天然ガス・金属鉱物資源機構等（以下「独立行政法人等」と略称する。）が交付する補助金等についても、その性格上、国が交付する補助金等と同様な取扱いをするのが適当であるとの観点から、独立行政法人等の補助金等及び間接補助金等に関して本法の規定を準用することが定められている。独立行政法人等に係る個別法における本法を準用する規定は次のとおりとされている。

○日本中央競馬会法（昭和二九年法律第二〇五号）第二〇条の二
○日本私立学校・共済事業団法（平成九年法律第四八号）第二七条
○国立研究開発法人情報通信研究機構法（平成一一年法律第一六二号）第一九条（同法附則第八条第六項の規定により読み替えられる場合を含む。）
○独立行政法人石油天然ガス・金属鉱物資源機構法（平成一四年法律第九四号）第一二条の二
○独立行政法人農畜産業振興機構法（平成一四年法律第一二六号）第一七条（肉用子牛生産安定等特別措置法（昭和六三年法律第九八号）第一五条の規定により読み替えられる場合を含む。）
○独立行政法人国際協力機構法（平成一四年法律第一三六号）第三七条
○独立行政法人国際交流基金法（平成一四年法律第一三七号）第一三条
○国立研究開発法人新エネルギー・産業技術総合開発機構法（平成一四年法律第一四五号）第一八条
○独立行政法人中小企業基盤整備機構法（平成一四年法律第一四七号）第一六条（同法附則第一四条の規定に

より読み替えられる場合を含む。)

○　独立行政法人日本学術振興会法（平成一四年法律第一五九号）第一七条第二項及び附則第二条の六

○　独立行政法人日本スポーツ振興センター法（平成一四年法律第一六二号）第二八条

○　独立行政法人日本芸術文化振興会法（平成一四年法律第一六三号）第一七条

○　独立行政法人福祉医療機構法（平成一四年法律第一六六号）第一三条

○　独立行政法人鉄道建設・運用施設整備支援機構法（平成一四年法律第一八〇号）第二三条

○　独立行政法人環境再生保全機構法（平成一五年法律第四三号）第一一条

○　独立行政法人日本学生支援機構法（平成一五年法律第九四号）第二四条

○　独立行政法人大学改革支援・学位授与機構法（平成一五年法律第一一四号）第二二条

○　国立研究開発法人医薬基盤・健康・栄養研究所法（平成一六年法律第一三五号）第一六条

○　国立研究開発法人日本医療研究開発機構法（平成二六年法律第四九号）第一七条の三

当然のことではあるが、これらの独立行政法人等の補助金等及び間接補助金等に関して本法が準用される場合には、本法中「各省各庁」とあるのは「独立行政法人」等と、「各省各庁の長」とあるのはこれらの独立行政法人等の「理事長」等とそれぞれ読み替えることとされている。また、本法の規定を準用する範囲や独立行政法人等から交付される給付金のうち準用の対象となる給付金の範囲については、独立行政法人等それぞれで異なることから、それらについても右の規定において定められている。

（参考）ＮＴＴ無利子貸付金への準用

⑴　無利子貸付金制度の概要

日本電信電話株式会社（ＮＴＴ）の株式売払い収入を財源とする無利子貸付金制度の概要は、次のとおりである。

昭和六二年に入り、対外不均衡を是正するための経済対策協調の努力を強めることが国際的に合意され、政府は公共投資等の拡大と所得税等の減税による六兆円を上回る規模の「緊急経済対策」を決定した。

この緊急経済対策においては、一般公共事業二兆四五〇〇億円の追加（事業費ベース）を柱とした内需拡大推策がとられ、その際、財政改革路線を堅持するため将来の利払いを伴う建設公債の発行を極力抑制するために、ＮＴＴ株式売払収入を財源とする無利子貸付による社会資本整備方策が創設された。

具体的には、日本電信電話株式会社の株式の売払収入の活用による社会資本の整備の促進に関する特別措置法（昭和六二年法律第八六号。以下「社会資本整備特別措置法」という。）により、制度化されたが、ＮＴＴ株式売払収入については、国債の償還に充てることが制度的に確立されており、その原則の枠内で当面、国債整理基金の円滑な運営に支障を生じない範囲内において売払収入実績の一部を活用して社会資本の整備の促進を図ることとするため、ＮＴＴ株式売払収入の一部を国債整理基金特別会計から一般会計を通じて産業投資特別会計（社会資本整備勘定）に繰り入れ、公共事業と特定の民活事業に無利子貸付けを行うこととされたものである。

また、貸付金として構成することによって補助金のように使い切ることなく、最終的には国債の償還に充てることが可能であり、一方無利子とすることで実質的には補助金と同じような効果が期待できるものである。

なお、無利子貸付事業には、次の三タイプがある。

①　公共施設の効率的整備を図ることにより、直接・間接の収益が生ずる場合に国からの無利子貸付で整備を行い、収益で償還するもの。（通称Aタイプ事業）

②　公共的建設事業のうち民間投資の拡大又は地域における就業機会の増大に寄与すると認められ、緊急に実施する必要があるものに対し、国からの無利子貸付で促進し、償還時に補助金を交付するもの。（通称Bタイプ事業）

③　地域の活性化に資する特定の民活事業に日本政策投資銀行等を通じて第3セクター等に対し無利子貸付等を行うもの。また、PFI事業を促進するためPFI選定事業者に対し、日本政策投資銀行等を通じ無利子貸付を行うもの。（通称Cタイプ事業）

(2)　補助金等適正化法との関係

次に、補助金等適正化法との関係であるが、無利子貸付事業のうち、Bタイプ事業に係るNTT無利子貸付金については、社会資本整備特別措置法第五条第一項において、補助金等適正化法の規定の一部が準用されることとされている。Bタイプ事業は、通常の補助事業等として実施された場合には、当然当該補助金等について同法の適用を受けることになるが、当該無利子貸付金の償還時に行われる補助金等の交付の時点においては、既に事業が終了しているので補助金等適正化法により有効な規制を行うことができないことになる。

そこで、当該無利子貸付金の貸付け段階において補助金等適正化法による規制を行うことが適当であるとの政策判断を行い、同法の規定の一部を準用することとしたものである。無利子貸付金は、実質的には補助金等であるものの、形式的には、貸付金であることから「貸付金」を「補助金等」とみなして運用する手法はとらず個々の規定を性格に応じて読み替えて準用することとされた。

NTT株式売払収入の活用による無利子貸付制度
（貸付資金の流れ）

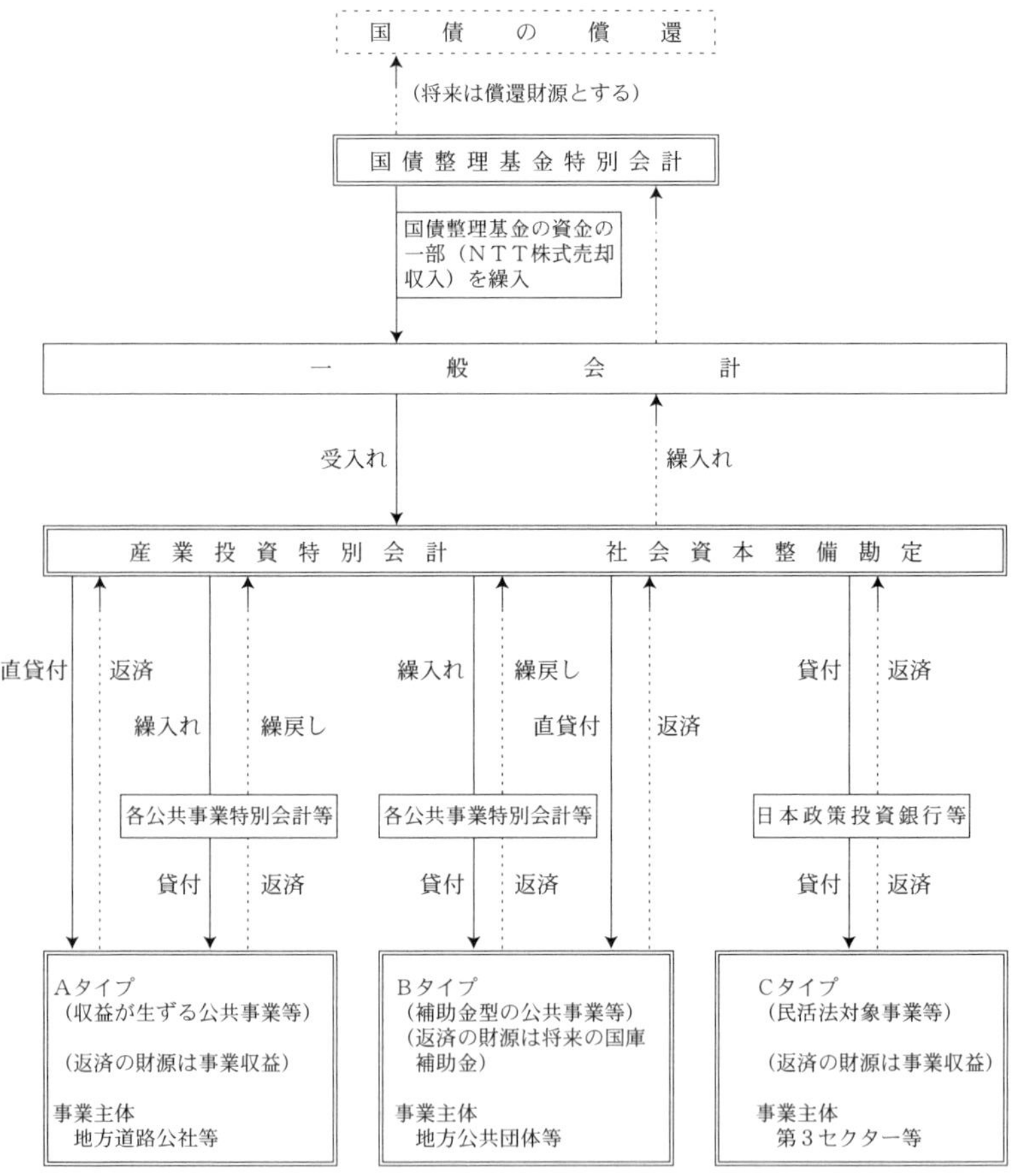

第三章　補助金等の交付の手続

本法が、補助金等の交付の申請、交付の決定及び精算等に関する手続並びにこれらの法律関係を統一化、明確化することを目的とするものであることは、すでに説明を加えたところである。本章以下において、これらの手続規定の内容につき説明を加える。

第一節　補助金等の交付の申請及び決定

一　補助金等の交付の申請

補助制度の中には、補助等の根拠法に「補助するものとする」あるいは「負担する」等と規定されているものがあるが、この種の規定は、あたかも補助すべきことあるいは負担すべきことをこれらの根拠法自体が国に義務づけているように考えられるかもしれない。しかしながら、国が補助金等を交付し、あるいは各種の経費を負担することは、直ちに国費の支出となるものであるから、これは憲法第八五条の規定により、必ず国会の議決すなわち、歳出予算としての国会の議決を必要とすることとされている。したがって、如何に法律が補助なり、あるいは負担なりを国に義務づけたとしても、国は、これに必要な歳出予算のない限り、これらの経費を支出することはできない。これらの法律の規定は、国に対して、「法律の要件に該当するものについては、補助なり、負担なりができるように措置すべきこと」、いいかえれば、「法律の要件に該当するものについては、補助なり、あるいは負担なりに必要な金額を歳出予算に計上して国会の議決を得るようにすべきこと」を義務づけた趣旨であると解することができるのであって、前述のような法律の規定により、直ちに、国は補助事業者等に対して補助すべきことあるいは負担すべきことを義務付けられるものとは解されない。すなわち、これらの規定により、直接に補助金等の交付を受ける具体的な権利が相手方に発生しているものとはいえないのである。

(1) 補助金等の交付の申請は交付決定の前提条件である

補助金等を国が交付するに当たっては、まず、相手方が補助金等を必要とするか否か、補助金等を必要とする場合であっても、国が補助なり負担なりをすべきものであるか否か等を判断する必要があるため、本法は申請主義の原則をとり、補助金等の交付の申請を行わせ、必要な審査を行ったうえで交付の決定を行うこととしている。すなわち、補助金等の交付の手続は、まず、「補助金等の交付の申請」から始まるものということができるのである。交付の申請の効力発生時期は、行政法上の原則どおり、到達主義による。したがって各省各庁の長（経由機関がある場合は当該経由機関）に申請書が到達した時点である。本法第五条は、補助金等の交付の申請につき、「……補助事業等の目的及び内容、補助事業等に要する経費その他必要な事項を記載した申請書に各省各庁の長が定める書類を添え、各省各庁の長に対しその定める時期までに提出しなければならない」と規定している。これは、補助金等の交付の申請が書面により行われなければならないこと、すなわち「書面主義」によるものであることを明らかにしたものである。なお、申請主義の原則をとった結果、補助金等の交付の申請—申請書による申請—がなければば、如何に歳出予算が計上されていても、後述する補助金等の交付の決定は行いえないこととなる。

(2) 申請書の記載事項及び添附書類

そして、この補助金等の交付の申請は、施行令第三条第一項により、次の事項を記載した申請書によって行うこととされている。

① 申請者の氏名又は名称及び住所
② 補助事業等の目的及び内容
③ 補助事業等の経費の配分、経費の使用方法、補助事業等の完了の予定期日その他補助事業等の遂行に関する計画
④ 交付を受けようとする補助金等の額及びその算出の基礎
⑤ その他各省各庁の長が定める事項

申請書は、前述のように、国が補助等を行う事務又は事業を選択してその対象を決定するためのものであるから、まず、補助金等の交付の対象となるべき事務又は事業の実体が具体的に、かつ、明確に記載されていなければならないものであることはいうまでもないが、更に、これらの事務又は事業の遂行を安心して託することができるかどうか、その遂行計画その他からみて補助制度の目的を如何に能率的に達成する相手方であるかどうか等を判断するための資料が整っていなければならない。このような判断資料としては、前記の申請書のみでは必ずしも充分とは考えられないので、次の事項を記載した書類を申請書に添附しなければならないこととされている（同条第二項）。

① 申請者の営む主な事業
② 申請者の資産及び負債に関する事項
③ 補助事業等の経費のうち補助金等によってまかなわれる部分以外の部分の負担者、負担額及び負担方法
④ 補助事業等の効果
⑤ 補助事業等に関して生ずる収入金に関する事項
⑥ その他各省各庁の長が定める事項

しかしながら、補助金等の交付の対象となる事務又は事業は、きわめて多種多様にわたるものであるため、すべてを一律に規制することはできないので、各省各庁の長の定めるところにより、具体的な事例に即して、申請書等の記載事項並びに添附書類の加除を適宜行うことができるように定められている（同条第三項）。

添附書類の例としては、①道路、河川事業等の工事に係るものについては、工事設計書、図面等であり、②間接補助金等にあっては、間接補助金等の交付の目的、配分方針、間接補助事業等の遂行に関する計画等がある。

(3)　交付申請書の提出期限は各省各庁の長が定める

補助金等の交付の申請書は各省各庁の長が定める時期までに提出しなければならないこととなっている。補助事業等は原則として会計年度内に遂行されなければならないものであり、補助目的からみて一定の適期内に遂行されることによりはじめて交付の目的が達成されるものである。補助事業等の遂行期間、各省各庁の長の審査期間等を考慮すれば自ずから一定の申請の期限があるはずであり、他方すべての補助金等につき申請書の提出期限を一律に定めることはできないので、個々の具体的事例に応じて各省各庁の長が交付申請書の提出期限を定めることができ

ることとしたのである。

なお、本法第五条において、補助金等の交付の申請には「契約の申込みを含む」こととされているが、これは、一般に利子補給の場合における根拠法が「政府は、……利子補給金を支給する旨の契約を結ぶことができる」と規定されていることに対応して、これらの契約に基づく利子補給金の交付の申請についても本条が適用されることを注意的に規定したものであり、このような規定が存するが故に利子補給金の支給が私法上の契約によるものであるという意味となるわけではない。

(4)　施越工事

施越工事とは、災害復旧工事等緊急を要する事業で、補助金等の交付決定を受けてから実施することが必ずしも適当とはいえないものについて、予め主務大臣の承認（施越承認）を受けて事業を実施し、事業実施後に施行済みの事業について、補助金等の交付申請を行うものをいう。

施越工事に係る交付申請を行う場合には、当該補助事業等が施行済みであることを明らかにしておく必要があり、そうでない場合には、本法第二九条第一項の補助金等の不正受交付の罪に問われるおそれがある。なお、施越工事に対する補助については次のような補助金等適正化連絡協議会の見解及び方針が出されている（昭三一、四、三〇蔵計一〇二四号。基本通達10参照）。

所謂施越工事に対する補助について

一、所謂施越工事を施工すること及び所謂施越工事に対して補助することは、法律上差し支えない。

二、所謂施越工事を施工した上、これに対して国庫の補助を申請する場合、従来通例行われていたようにその施工済にかかる工事を申請後施工する予定のものとして申請し補助金等の交付を受けることは、補助金等適正化法第二十九条第一項の要件に該当する場合があるので、その場合は、罰則の適用をみることとなる。

三、補助金等適正化法の施行に伴い、所謂施越工事については今後施工済なる旨を明りようにして補助の申請がなされることとなろうが、このように申請の形式が変更されることによって特に所謂施越工事に対する補助予算の配分に関する関係各省各庁の従来のそれぞれの取扱方を変更することはないものとする。

右の取扱は、関係各省各庁が従来所謂施越工事に対して補助することを例としていた事業種目以外の事業種目に属する所謂施越工事についてまで、新たに補助する例を開く趣旨ではない。

四、所謂施越工事は予算実行上の方針としては原則として好ましくない現象であるが、現状では公益上真にやむを得ないと認められる場合があることも否定できないので、その辺の具体的実情に即した取扱方の改善に関する一般的方針については、補助金合理化の線に沿って今後関係各省各庁が本連絡協議会において検討するものとする。

(5) 補助金交付要綱例（参考資料）

○補助金交付要綱

第一節　補助金等の交付の申請及び決定

第5条（交付決定の通知）
第6条（申請の取下げ）
第7条（契約等）
第8条（計画変更の承認）
第9条（補助事業の中止又は廃止）
第10条（事業遅延の届出）
第11条（状況報告）
第12条（実績報告）
第13条（補助金の額の確定等）
第14条（交付決定の取消等）
第15条（収益納付）
第16条（財産の管理等）
第17条（財産の処分の制限）
第18条（補助金の経理）
第19条（補助金調書）
第20条（間接補助金交付の際付すべき条件）

（本　文）

（通則）

第1条　○○補助金（以下「補助金」という。）の交付については、補助金等に係る予算の執行の適正化に関する法律（昭和三〇年法律第一七九号。以下「適正化法」という。）、同施行令（昭和三〇年政令第二五五号。以下「施行令」という。）の定めによるほか、この要綱の定めるところによる。

（交付の目的）

第2条　補助金は…………を目的とする。

（交付の対象及び補助率）

第3条　○○大臣（以下「大臣」という。）は、○○が行う下記に掲げる事業（以下「補助事業」という。）を実施するために必要な経費のうち、補助金交付の対象として大臣が認める経費（以下「補助対象経費」という。）について、予算の範囲内で補助金を交付する。

(1)　○○の事業

(2)　○○の事業

2　補助対象経費の区分及び補助率は別紙第一のとおりとする。

（申請手続）

第4条　○○は補助金の交付を受けようとするときは様式第一による申請書を大臣に提出しなければならない。

（交付決定の通知）

第5条　大臣は、前条の規定による補助金交付申請書の提出があったときは、審査のうえ、交付決定を行い、様式第二による補助金交付決定通知書を○○に送付するものとする。

第6条　○○は、交付決定の内容又はこれに付された条件に対して不服があることにより、補助金交付の申請を取り下げようとするときは、交付決定の通知を受けた日から〇日以内にその旨を記載した書面を大臣に提出しなければならない。

（契約等）

第7条　〇〇は補助事業の一部を他の者に実施させる場合は、この要綱の各条項を内容とする実施に関する契約を締結し、大臣に届出なければならない。

2　〇〇は補助事業を遂行するため、売買、請負その他の契約をする場合は、一般の競争に付さなければならない。ただし、補助事業の運営上、一般の競争に付することが困難又は不適当である場合は、指名競争に付し、又は随意契約をすることができる。

（計画変更の承認）

第8条　〇〇は次の各号の一に該当するときは、あらかじめ様式第三による申請書を大臣に提出し、その承認を受けなければならない。

一　補助対象経費の区分ごとの配分された額を変更しようとするとき。ただし、各配分額のいずれか低い額をこえない流用増減を除く。

二　補助事業の内容を変更しようとするとき。ただし、大臣が別に定める軽微な変更を除く。

2　大臣は前項の承認をする場合において必要に応じ交付決定の内容を変更し、又は条件を付することがある。

（補助事業の中止又は廃止）

第9条　〇〇は、補助事業を中止又は廃止しようとするときは様式第四による申請書を大臣に提出し、その承認を受けなければならない。

（事業遅延の届出）

第10条　○○は補助事業が予定の期間内に完了することができないと見込まれる場合、又は補助事業の遂行が困難となつた場合においては、速やかに様式第五による補助事業事故報告書を大臣に提出し、その指示を受けなければならない。

（状況報告）

第11条　○○は補助事業の遂行及び支出状況について大臣の要求があつたときは、速やかに様式第六による状況報告書を大臣に提出しなければならない。

（実績報告）

第12条　○○は補助事業を完了したときは、その日から一カ月を経過した日又は翌年度の四月一〇日のいずれか早い日までに様式第七の報告書を大臣に提出しなければならない。

2　前項の場合において報告書の提出期限について、大臣の別段の承認を受けたときは、その期間によることができる。

（補助金の額の確定等）

第13条　大臣は、前条の報告を受けた場合には、報告書等の書類の審査及び必要に応じて現地調査等を行い、その報告に係る補助事業の実施結果が補助金の交付の決定の内容（第八条に基づく承認をした場合は、その承認された内容）及びこれに付した条件に適合すると認めたときは、交付すべき補助金の額を確定し、○○に通知する。

2　大臣は、○○に交付すべき補助金の額を確定した場合において、既にその額を超える補助金が交付されているときは、その超える部分の補助金の返還を命ずる。

3　前項の補助金の返還期限は、当該命令のなされた日から○日以内とし、期限内に納付がない場合は、未納に係る金額に対して、その未納に係る期間に応じて年利一〇・九五％の割合で計算した延滞金を徴するものとする。

（交付決定の取消等）

第14条　大臣は、第九条の補助事業の中止又は廃止の申請があった場合及び次に掲げる場合には、第五条の交付の決定の全部若しくは一部を取り消し又は変更することができる。

(1)　〇〇が、法令、本要綱又は法令若しくは本要綱に基づく大臣の処分若しくは指示に違反した場合

(2)　〇〇が、補助金を補助事業以外の用途に使用した場合

(3)　〇〇が、補助事業に関して不正、怠慢、その他不適当な行為をした場合

(4)　交付の決定後生じた事情の変更等により、補助事業の全部又は一部を継続する必要がなくなった場合

2　大臣は、前項の取消しをした場合（前項㈣の場合を除く。）において、既に当該取消しに係る部分に対する補助金が交付されているときは、期限を付して当該補助金の全部又は一部の返還を命ずる。

3　大臣は、前項の返還を命ずる場合には、その命令に係る補助金の受領の日から納付の日までの期間に応じて、年利一〇・九五％の割合で計算した加算金の納付を合わせて命ずるものとする。

4　第二項に基づく補助金の返還及び前項の加算金の納付については、前条第三項の規定を準用する。

（収益納付）

第15条　大臣は、〇〇に、補助事業により相当の収益が生じたと認められる場合は、補助金に相当する額の全部又は一部を国に納付すべき旨を命ずることができる。

2　収益及び納付すべき金額の計算の方法並びに収益の状況に関する報告の徴収その他前項の納付に関し必要な事項は、大臣が別に定める。

（財産の管理等）

第16条　○○は、補助対象経費（補助事業を他の団体に実施させた場合における対応経費を含む。）により取得し、又は効用の増加した財産（以下「取得財産等」という。）については、補助事業の完了後においても、善良な管理者の注意をもつて管理し、補助金交付の目的に従つて、その効率的運用を図らなければならない。

2　取得財産等を処分することにより、収入があり、又はあると見込まれるときは、その収入の全部又は一部を国に納付させることがある。

（財産の処分の制限）

第17条　取得財産等のうち施行令第一三条第四号の規定により、大臣が定める機械及び重要な器具は取得価格又は効用の増加価格が○万円を超える機械及び重要な器具とする。

2　法第二二条に定める財産の処分を制限する期間は、補助金交付の目的及び減価償却資産の耐用年数等に関する省令（昭和四〇年大蔵省令第一五号）を勘案して、大臣が別に定める期間とする。

3　○○は前項の規定により定められた期間中において、処分を制限された取得財産等を処分しようとするときは、あらかじめ大臣の承認を受けなければならない。

4　前条第二項の規定は、前項の承認をする場合において準用する。

（補助金の経理）

第18条　○○は、補助事業についての収支簿を備え、他の経理と区分して補助事業の収入額及び支出額を記載し、補助金の使途を明らかにしておかなければならない。

2　○○は、前項の支出額について、その支出内容を証する書類を整備して前項の収支簿とともに補助事業の完了の日の属する年度の終了後五年間保存しなければならない。

（補助金調書）

第19条　○○は、当該補助事業に係る歳入歳出の予算書並びに決算書における計上科目及び科目別計上金額を明らかにする様式第八による調書を作成しておかなければならない。

（注）本条項は、地方公共団体に対する補助金について付する。

（間接補助金交付の際付すべき条件）

第20条　○○は△△（間接補助事業者）に補助金を交付するときは、本要綱第○条から第○条まで（第○条を除く。）の規定に準ずる条件を付さなければならない。

二　補助金等の交付の決定

申請書及びその添附書類が一定期日までに提出されると、各省各庁においては、これに基づいて、直ちにその審査が行われるのであり、その審査を経て交付すべき補助金等の額が決まり、そして補助金等の交付の決定すなわち、申請された事務又は事業に対して国が補助金等を交付するという意思決定が行われる。この意思決定がすなわち補助金等の交付の決定であり、これにより国は補助事業者等に対して実質的に債務を負担することとなるのである。

(1)　「補助金等の交付の決定」は行政行為である

補助金等の交付の決定の性格については、従来、公法上の契約か行政行為であるか等の議論があり、政府部内においては、本法制定以前から国が一方的に行う行為、すなわち行政行為（行政処分）であると解されていたが、本法の制定により、行政行為であることが明確にされた（本法第六条）。なお、行政行為の概念については、一般には「行政庁が、法に基づき、公権力の行使として、国民に対し、具体的事実に関し、法的権利を設定し、又は義務を課す行為」であるといわれているが、補助金等の交付の決定のごとき相手方の申請を前提要件とするものは「相手方の協力を要する行政行為」の種別に属するものといえよう。

補助金等の交付の決定を行うに際しての審査すべき基準は、抽象的ではあるが、本法第六条第一項に規定されている。すなわち同項は、

① 当該申請に係る補助金等の交付が法令及び予算で定めるところに違反しないかどうかを調査すること

② 補助事業等の目的及び内容が適正であるかどうかを調査すること

③ 金額の算定に誤りがないかどうか等を調査すること

を各省各庁の長に命じている。法律に基づく補助等においても、また、予算措置のみによる補助等においても、それぞれ補助制度の目的から、その対象としてとりあげるための一定の要件を要求していることは当然である。すなわち、これらの一定の要件に該当するものであってはじめて貴重な税金等を財源とする補助金等の交付の対象とするに値すると認められるからである。このような観点から調査すべきことを命じているのが前記①のねらいとするところである。また、如何に法律なり予算なりに違反していなくとも、その具体的な計画が適正なものでなければならないことはいうまでもないが、特に、貴重な財源であることから、もっとも効率的に、すなわち、最小の経費をもって最大の効果をあげることができるような計画でなければならない。これが前記②の要求するところのもの

といえよう。更に、補助金等の交付の決定は、国が相手方に対して、「相手方が当該交付の決定の内容どおりに補助事業等を行った場合には、金何円を限度として補助金等を交付する」という債務を負担することとなるものであるから、その金額の算定が妥当なものでなければならず、そのため特に③の基準が定められたものである。そのほか、相手方の補助事業等の遂行能力（財政的及び物理的）及び信頼性についても調査すべきであることはいうまでもない。なお、会計法上の問題であるが、前述のように、補助金等の交付の決定は国が債務を負担するものであるから、当然、支出負担行為（財政法第三四条の二第一項）に該当するものであり、歳出予算の範囲内においてのみ、なしうるものである。仮に、予算残額がないにもかかわらず、交付決定を行った場合には、予算がないことをもって補助事業者等に対抗できず、国は補助事業者等に対して具体的な債務を負うことになる。交付行政庁は補助金等適正化法第六条違反になるのみならず、予算執行職員等の責任に関する法律上の責任を問われることにもなりかねないので十分な留意が必要である。

また、以上の調査をするに当たっては、具体的な補助事業等が実施される現地の実情をつぶさに調査し、その実体を詳細に把握すべきことが望ましいところであるが、きわめて多数の補助事業等であるため、その全部について現地調査を行うことは不可能と考えられるので、「……申請に係る書類等の審査及び必要に応じて行う現地調査等により」前記の調査を行うこととされている（本法第六条第一項）のである。

(2)　補助金等の交付の決定はすみやかに行わなければならない

補助金等の交付の申請に係る事務又は事業は、補助金等の交付の決定がなされてはじめて補助金等の交付の対象となることが確定されるものであり、また、当該事務又は事業すなわち補助事業等は、補助金等の交付の決定の内容及びこれに付された条件に従って遂行されなければならないものであるから、補助金等の交付の決定の遅延は直ちに補助事業等の遅延となり、ひいては、補助金等の交付もその目的を充分に達し得ない結果をもたらすこととなる。このため、補助金等の交付の申請を調査してこれに補助金等を交付すべきものと認めたときは、「すみやかに補助金等の交付の決定をしなければならない」こととされている（本法第六条第一項）のである。

従来から、申請者側の不満として、補助金等の交付の決定がきわめて遅延しがちであるということがしばしば指摘されていた。法が如何にすみやかに交付の決定を行うべきことを命じているとしても、現実にそれが実行されなければ、法律の規定も死文と化することはいうまでもない。更に、補助金等の交付の決定の促進は、補助事業等の円滑な遂行上極めて重要な問題であることは明らかであろう。そのため、中央連絡会議においても、特にこの問題をとりあげ、昭和三一年度以降毎年度その促進化のための具体的方策を講じてきたところであり（例えば、「昭和三二年度予算に係る補助金等の交付決定について」（昭三二、四、一〇蔵計九一四号。基本通達11参照））、これらの措置によりその効果は相当あがってきたものと考えられる。また、平成一一年には地方分権の推進を図るための関係法律の整備等に関する法律（平成一一年法律第八七号）により規定の追加が行われ、各省各庁の長は「補助金等の交付の申請が到達してから当該申請に係る補助金等の交付の決定をするまでに通常要すべき標準的な期間」及び、地方支分部局など「法令により当該各省各庁の長と異なる機関が当該申請の提出先とされている場合」には「当該申請が当該提出先とされている機関の事務所に到達してから当該各省各庁の長に到達するまでに通常要すべき標準的な期間」を定め、かつ、これを公表するよう努めなければならないとされた（第六条第二項）。

なお、地方公共団体に対する補助金等については地方財政法第一九条において「国の支出金は、その支出金を財源とする経費の支出時期に遅れないように、これを支出しなければならない。」とされ、更に、同法施行令（昭和二三年政令第二六七号）第四九条において「国の負担金及び法第十六条の補助金は、毎年度四月、七月、十月及び一月の四回に分けて、前金払又は概算払により、これを交付するものとする」とその原則が規定されている。補助金等は多種多様であるため、種々の事情があるものと考えられるが、補助事業等の円滑な遂行を図るため常にその促進化に努めるべきものといえよう。

三　補助金等の交付の修正決定

補助金等の交付申請の内容を審査した結果、その申請の内容のままでは国側として必ずしも満足はできないが、技術的な面あるいは経費的な面等修正可能な部分につき一部修正を加えれば、国の期待するところに合致するような場合においては、一旦申請書を却下し再度申請させる手続をとるよりは、これを修正して交付の決定ができることとする方が手続経済の観点から建設的であることはいうまでもない。このような場合について、本法の制定される以前には、修正を加えた申請書の再提出を求めることによって処理されていたが、本法においては、このような場合には、国側が一方的に申請に係る事項に修正を加え、能率的に事務処理ができるよう、その第六条第三項において「補助金等の交付の申請に係る事項につき修正を加えて補助金等の交付の決定をすることができる」と規定し、いわゆる補助金等の「修正交付決定」の制度を設けることとした。この「修正交付決定」は、同項の規定からも明らかなごとく、「適正な交付を行うため必要があるとき」に限り行うことができるものであるが、これらの場合においては、如何なる内容の修正を行うことも全く自由であると解されては、この制度の本来の趣旨を離れ、濫用をまねくおそれもあるので、同条第四項により「……その申請に係る当該補助事業等の遂行を不当に困難とさせないようにしなければならない」と規定され、その適正なる運営が図られるように措置されている。減額のみならず増額する修正交付決定も可能であるが、全く申請がなされていない事項を新規に追加して修正交付決定することはできない。なお、「修正交付決定」の濫用は、後述する「不当干渉」（第二四条）に該当するものであることにも注意すべきである。

なお、修正交付決定の内容又はこれに付された条件に不服がある場合には、各省各庁の長の定める期日までに、申請の取下げをすることができる（第九条第一項）。

四　補助金等の交付決定の通知

補助金等の交付の決定が行われると、先にも述べたとおり、相手方は、その対象となっている事務又は事業を国の意図するとおりに、すなわち交付の決定の内容及びこれに付した条件に従って遂行しなければならない義務を負うこととなるものであり、また、その性格は、行政行為すなわち国が一方的に意思決定を行うものであるから、この意思表示の内容は、できる限り早く相手方に知らされなければならない。このため、本法第八条は「すみやかにその内容及びこれに条件を附した場合にはその条件を補助金等の交付の申請をした者に通知しなければならない」と規定し、各省各庁の長に対しこのことを明確に義務づけている。なお、会計経理上の手続としては、この交付決定の通知をするとき（いわゆる「指令」をするとき）支出負担行為として整理することとされており（支出負担行為等取扱規則別表甲号19）、これによって形式的にも国が債務を負担することとなるわけであるが、これに伴い相手方は当該通知を受けることにより初めて補助金等の交付請求権を取得することとなる。

交付決定の通知は書面により行わなければならないかについては、本法第八条の文言上からは明らかではないが本法第九条には「通知を受領した場合」と規定しており、書面による通知を前提をしているような書き振りとなっていること、補助事業者等に対し、具体的な補助金交付請求権を与えるものであることから要式行為として書面によらなければならないと解される。

五　補助金等の交付申請の取下げ

補助金等の交付の決定が行政行為である以上、これが確定すると相手方はこれの拘束を受けることとなり、これに従って補助事業等を遂行しなければならない義務を負うこととなるが、前述のごとく、申請の内容につき一方的に修正を加えることもあり、また、後述するように、色々と条件も付されるので、申請者としては時には不服のある場合も考えられる。このような場合にはただ一方的に強制するよりも相手方の意思を尊重する必要があると考えられるので、本法第九条第一項により、「当該通知に係る補助金等の交付の決定の内容又はこれに附された条件に不服があるときは、各省各庁の長の定める期日までに、申請の取下げをすることができる」こととされたのである。なお、いつまでも不確定のままおくことは、交付の決定が行政行為であることから適当ではなく、また、補助金等に係る予算の効率的使用の面からも好ましくないので、この取下げができるのは、一定の期間内に限ることとされているわけであり、その期限は、交付の決定の通知の際に明示されるのが一般の取扱いとなっている。

また、補助金等の交付については、前述したように申請主義がとられてはいるが、申請の取下げがあっても、一度なされた交付の決定自体は依然存在していることとなるので、特に本法第九条第二項は、これを自動的に消滅するよう「申請の取下げがあったときは、当該申請に係る補助金等の交付の決定はなかったものとみなす」と規定しているのである。したがって、申請の取下げがなされた場合には、各省各庁の長は、先に行った補助金等の交付の決定を取り消すための特別の意思表示を行う必要はなく、申請の取下げにより、当然に当該交付の決定は消滅することとなる。

第二節　補助金等の交付の条件

本法は補助金等の交付の目的をより一層確実に達成するために附すべき条件について、その主要なものを法第七条第一項に列挙している。

一　条件の意義

法令上「条件」という語はしばしば用いられているが、これは行政法上の「附款」を意味する場合がほとんどであり、本法の各条に規定されている「条件」も行政行為の附款を意味するものである。「行政行為の附款」とは、「行政行為の効果を制限するために意思表示の主たる内容に付加される従たる意思表示」をいうといわれており、次の各種がある。

① 条件　「条件」とは、行政行為の効力の発生又は消滅を将来における発生の不確定な事実の成否にかからし

める意思表示をいい、その条件たる事実の成否の未定の間は、行政行為の効力は、不確定の状態にある。すなわち、条件の成就により、その効力が発生し、あるいはその効力が消滅するものであって、前者に該当する条件を「停止条件」といい、後者に該当する条件を「解除条件」という。

② 負担　「負担」とは、行政行為の主たる意思表示に附随して、その相手方に対し、これに伴う特別の義務を命ずる意思表示をいう。法令上「条件」という場合には、ここでいう「負担」を意味する場合がきわめて多い。しかし「負担」と「条件」とは全くその性質が違うのであって、「負担」は「条件」のように行政行為の効力の発生を不確定な状態におくものではなく、その行為の効力は完全に発生し、ただこれに付随して一定の義務を命ずるに止まるものである。「条件」を付した場合には、「条件」の成就により当然にその効力が発生しあるいは消滅するものであるのに反し、「負担」を命じた場合には、その不履行によって当然にその行為の効力が消滅することとなるわけではない。

③ 期限　「期限」とは、行政行為の効力の発生又は消滅を将来到来することの確実な事実の発生にかからしめる意思表示をいい、その時期の確実なものを「確定期限」、時期の不確実なものを「不確定期限」といい、また、期限の到来によって効力が生ずるものを「始期」、期限の到来によって効力を失うものを「終期」という。

④ 取消権の留保　「取消権の留保」とは、「撤回権の留保」ともいわれ、行政行為をなすに当り、主たる意思表示に付加して、公益上必要な場合その他特定の場合に行政行為を取り消しうべき権利を留保する意思表示をいう。

講学上、「取消」とは、行政行為の成立に瑕疵があることにより、行政行為成立の時に遡及してその効力を失わしむることであるのに対して、「撤回」とは、行政行為は瑕疵なく有効に成立したが、その後に発生した事由によりこの効力を失わしむることをいう。授益的行政行為の撤回は、法律上の根拠がある場合及び行政行為の附款に撤回権が留保されている場合を除いては許されないと解されている。

⑤　法律効果の一部の除外　これは、行政行為をなすに当り、主たる意思表示に附随して、法令が一般にその行為に附した効果の一部の発生を除外する意思表示をいう。

以上、行政行為の附款について説明したが、行政行為の附款は、行政行為の効果を制限するために主たる意思表示に付加される従たる意思表示であるという性格から、付しうべき限界がおのずから存すべきことは当然であり、それを付しうる場合について制限があるとともに、付しうる場合においても、その附款は、具体的な行政行為の目的に照し必要な限度に止らなければならないものと解されている。本法においても、その第七条第四項において「附する条件は、公正なものでなければならず、いやしくも補助金等の交付の目的を達成するために必要な限度をこえて不当に補助事業者等に対し干渉をするようなものであってはならない」と規定して、特にこの趣旨を明らかにしている。これは、条件違反が直ちに、補助金等の交付の決定の取消の原因となりうるということもあって、特にこの規定が置かれたものである。なお、本法の「条件」は、右の附款のうちもっぱら「負担」にあたるものを意味するわけであるが、用語の便宜上、以下補助条件という通例の用法に従って説明を加えることとしよう。

二　必要的補助条件

本法第七条第一項は、「補助金等の交付の決定をする場合において、法令及び予算で定める補助金等の交付の目的を達成するため必要があるときは、次に掲げる事項につき条件を附するものとする」と定めて、五つの事項を定めている。規定上、「必要があるときは、……附するものとする」と規定されているが、後述する五つの事項は、一般には当然必要とされる条件であると考えられるので、補助金等の交付決定をなすにあたっては、これらの補助条件を必ず付すべきものと考えられる。したがって、これらの補助条件を必要的補助条件ということができよう。以下、これらの必要的補助条件につき簡単に説明を加える。

⑴　補助事業等に要する経費の配分の変更（各省各庁の長の定める軽微な変更を除く。）をする場合においては、各省各庁の長の承認を受けるべきこと（第七条第一項第一号）

ここで、「経費の配分」とは、例えば工事に係るものであれば、本工事費に金何円、附帯工事費に金何円というような使途の区分、あるいは都道府県から更に市町村に補助金等が交付される場合において、A市金何円、B町金何円、C村金何円というような対象別の区分をいう。こうした経費の配分は、補助事業等の能率的な遂行に必要な制限であり、たとえば前者の例で見れば、附帯工事費に配分される額が多ければ多い程工事量は減少し、したがって、単位経費当たりの効率が低下することはいうまでもないであろう。ただ、余りに経費の配分をこまかく規制することは、いたずらに補助金行政を繁雑にすることとなるので、「各省各庁の長が定める軽微な変更」については、各省各庁の長の承認を受けなくても自由に経費の配分の変更ができることとされているのである。なお、この「軽微な変更」については、中央連絡会議において次のような基準が定められている（「補助金等適正化法の「軽微な変更」及び「同種」の基準」（昭和三〇年一二月二六日中央連絡会議決定）の一イ、基本通達17参照）。

①　経費の目的を実質的に変更するものではない場合

② 経費の配分の変更が経費使用の効率化に貢献するものであり、補助目的の達成に何等の支障がないと認められる場合

③ 種目別配分の固定化がかえって経費の能率的な使用を妨げるおそれがあり、かつ、補助事業者等の創意に基づく配分の変更を認めても補助目的の達成に支障がないものと認められる場合

(2) 補助事業等を行うため締結する契約に関する事項その他補助事業等に要する経費の使用方法に関する事項

(第七条第一項第二号)

補助事業等を行う場合は、これに使用する経費がもっとも効率的に使用されなければならないのであって、契約方式の当否は直ちに経費の効率的な使用を左右するものであり、特に契約に関する事項について条件を付することとしたのである。国の契約方式については、会計法令に詳細な規定がおかれており、これらの国が採用している契約方式が現在においてはもっとも適切な方式であると考えられるので、この方式によって補助事業等に係る契約がなされることがもっとも望ましいものと考えられる。しかしながら、現在、地方公共団体の相当数が工事又は製造の請負契約について最低制限価格制度（最低価格で入札した者でなく、最低制限価格以上で最低の価格で入札した者を落札者とする制度、地方自治法施行令（昭和二二年政令第一六号）第一六七条の一〇第二項参照）を採用している関係上、「補助事業等を行う場合にはすべて国の契約方式によらなければならない」旨の条件を付することは種々問題があると考えられるので、地方公共団体に対する補助金等の交付の決定に際しては、契約に関する条件として地方自治法令の諸規定によるべきこととされている。また、「その他の使用方法」とは、補助事業等を行う場合に直轄で行うとか、委託して行うとかあるいは請負に付して行うとかいうような使用方法をさすものである。

⑶　補助事業等の内容の変更（各省各庁の長の定める軽微な変更を除く。）をする場合においては、各省各庁の長の承認を受けるべきこと（第七条第一項第三号）

ここで「補助事業等の内容」とは、いうまでもなく、申請に基づき国が交付の決定を行った場合に定めた具体的な補助事業等の内容、すなわち、如何なる施設をどういう規模構造により行うかとか、如何なる事務をどういう方法で行うかというような事務又は事業の具体的な内容のことである。国側としてはいうまでもなく、交付を受ける側としても、その内容に従って補助事業等が遂行することが期待されるわけであり、その変更は直ちに交付の決定の内容と異なる補助事業等が行われることになるので、これの変更について規制を加えることとしている。ただ、補助事業等を遂行していく過程において、事情の変更その他により内容を一部改めた方がより適切な補助事業等の遂行ができるような場合も考えられるので、変更を全く認めないこととせず、これを各省各庁の長の承認にかからしめることとしたのである。この場合においても、経費の配分の変更の場合と同様に「各省各庁の長の定める軽微な変更」については、各省各庁の長の承認なしに自由に行いうることとされている。この「軽微な変更」についても、中央連絡会議において次のような基準が定められている（「補助金等適正化法の「軽微な変更」及び「同種の基準」の一ロ、基本通達17参照）。

①　補助目的達成のために相関的な事業要素相互間の弾力的な遂行を認める必要がある場合

②　補助目的に変更をもたらすものでなく、かつ、補助事業者等の自由な創意により計画変更を認めることが、より能率的な補助目的達成に資するものと考えられる場合

③　補助目的及び事業能率に関係なき事業計画の細部の変更である場合

(4)　補助事業等を中止し、又は廃止する場合においては、各省各庁の長の承認を受けるべきこと（第七条第一項第四号）

補助事業等は、何か支障等が生じた場合には単純にこれを遂行しなければよいという考え方によるものであってはならない。補助金等の交付の決定が行われた以上、相手方はこれに基づき補助事業等を行わなければならないという公的な義務を負っているものであることはいうまでもなく、また、国会の議決を経た補助金等に係る予算は、これに従って補助事業等を完全に遂行するということが国家的な見地からもっとも必要とされるものであるから、これを勝手に中止する、あるいは廃止するというようなことは、特別の理由がない限り認められるべきものではない。このような見地から、補助事業等の中止又は廃止については、各省各庁の長の承認を受けるべきこととされているのである。

(5)　補助事業等が予定の期間内に完了しない場合又は補助事業等の遂行が困難となった場合においては、すみやかに各省各庁の長に報告してその指示を受けるべきこと（第七条第一項第五号）

補助事業等はその申請書において完了の予定時期も明らかにされており、国はそのとおりに補助事業等が完了することを期待するとともに、それに従ってその他の各種の行政を行っているものであるから、当該補助事業等がその予定期間内に完了しないこととなったりあるいは補助事業等自体が完了しえないというような状態になったときには、国はそれに応じた善後措置を講じなければならないこととなる。殊に国の予算が単年度予算を原則としているものである以上、当該年度内に完了しない場合には、予算の繰越しの手続も必要であり、また、当然国の決算にも関係があることとなる。このような考え方から、本号の条件が必要的補助条件として定められているわけである。

三　任意的補助条件

以上が本法に基づく必要的補助条件であるが、これらのほか、本法はその第七条第二項において「補助事業等の完了により……相当の収益が生ずると認められる場合においては、……補助金等の全部又は一部に相当する金額を国に納付すべき旨の条件を附することができる」と定め、いわゆる収益納付に関する条件について規定している。収益納付を行わせることの趣旨は、国の補助金等の交付を受けて行った補助事業等の完了により生じた利益を、補助事業者に全て帰属させることは妥当でないため、公益と私益の調整を図るところにある。次に、同法施行令第四条において「……交付の条件として、補助事業等の完了後においても従うべき事項を定めるものとする」と規定して、補助金等の交付の効果が補助事業等の完了後においても完全に達せられるように配慮されている。

事業完了後条件の例としては、

① 補助事業等により取得し、又は効用の増加する財産について、事業完了後においても交付行政庁の定める期間、善良な管理者の注意をもって管理するとともに、その効率的な運営を図るべき旨の補助条件

② 補助事業等が完了した場合に残存する機械器具、仮設物、材料等の残存物件があるときは、交付行政庁の承認を得て事業完了後同種の他の補助事業等に使用する場合を除き、当該残存物件の価格に補助負担率を乗じて得た金額を国に納付しなければならない旨の補助条件

③ 補助事業等の施行により付随的に発生した物件（発生物件という）があるときは、当該発生物件の価格を補助

基本額から控除することができる旨の補助条件がある。

行政行為の附款は、必ずしも法令に基づかなければ付すことができないものではなく、行政行為の性格上、法令によって自由裁量が認められている場合には、当該法令の規定の趣旨に従いこれを付すことができるのである（(法令上の根拠がない場合であっても）補助金の交付によって達成しようとする行政目的に背反しない限り、行政庁は裁量により一定の条件を付しうる（法制意見　昭二九、三、二二)）。本法はその第七条第一項に必要的補助条件を、同条第二項に収益納付の条件を、更に施行令第四条に事業完了後においても従うべき条件を規定していることは前述したが、これらは、いうまでもなく法令に根拠を有する附款ということができるであろう。そして、補助金等の交付の決定は行政行為である性格上相当範囲の自由裁量が認められるべきことはいうまでもなかろう。したがって、本法第七条第三項は「前二項の規定は、これらの規定に定める条件のほか、各省各庁の長が、法令及び予算で定める補助金等の交付の目的を達成するため必要な条件を附することを妨げるものではない」と規定して、特にその趣旨を明らかにしている。すなわち、交付決定をなすに当たり必要と認められるときは、前述の必要的補助条件のほかに適宜所要の条件を付することができるわけであり、したがって、これらの条件は各省各庁の長の任意に係るものであるから、任意的補助条件と称することができる。任意的補助条件として本法の例示するものは前記の収益納付の条件及び事業完了後の条件の二つであるが補助事業等の円滑な遂行を図るためには、これら以外の条件をあわせて付することが適当と考えられる。それらの具体的な例として、中央連絡会議において、補助条件の整備について検討が加えられ、別添「補助金等の交付決定の分割処理及び補助条件の整備に関する暫定措置について」（昭三一、九、一二蔵計」三二一〇号。基本通達13参照）及び「補助条件の整備に関する暫定措置（第二次分）について」（昭三一、一二、四蔵計二六六二号。基本通達14参照）のように、二回にわたり所要事項が定められているところを参照されたい。

四　基金造成費補助金等に対する交付の条件

本法施行令第四条第二項では、補助金等が基金造成費補助金等（補助事業者等が基金事業等（複数年度にわたる事務又は事業であって、各年度の所要額をあらかじめ見込み難く、弾力的な支出が必要であることその他の特段の事情があり、あらかじめ当該複数年度にわたる財源を確保しておくことがその安定的かつ効率的な実施に必要であると認められるものをいう。）の財源として設置する基金に充てる資金として各省各庁の長が交付する補助金等をいう。）に該当する場合において、交付の際に付すこととなる条件を第一号から第四号まで規定している。これは、基金は利点も大きい一方、その後の情勢の変化等により、基金事業等の実施状況が低調となり、使用見込みの低い資金が基金に滞留することとなるおそれが潜在するものであることから、その透明性を担保するとともに、その実施状況の把握を通じて国費の効率的な使用を確保する趣旨で設けられている。なお、同項は任意的補助条件であるが、基金造成費補助金等を交付する場合には、必ず付すこととなる条件である（第二項各号の趣旨等については、「基金造成費補助金等の活用に関する指針について」（平二六、一〇、二二蔵計二五三四号。基本通達16参照））。

注　本項は、基金に対する国会での指摘等を受けて、平成二六年一〇月に追加されたものであり、これまで法令上明確な定義が示されていなかった基金を財源とする事務又は事業の性質についても規定している。

第三節　補助事業等の遂行

一　補助事業等及び間接補助事業等の遂行

補助金等の交付の決定が行われれば、補助事業者等は、当該決定に従って補助事業等を行わなければならない義務を負い、かつ、これを遂行すれば当該決定に基づく補助金等を国へ請求することができる権利を有することとなるとともに、国は、補助事業者等が交付の決定に基づいて補助事業等を遂行すれば当該決定に明示された限度において補助金等を支払う義務を負うこととなる。

本法は、補助事業等及び間接補助事業等の遂行義務について特に第十一条に規定を置き、次の事項を定めて義務の範囲及びその基準を明確にしている。

まず、補助事業等の遂行義務については、同条第一項により、次の事項が定められている。

(1)　法令の定に従うこと

(2)　補助金等の交付の決定の内容及びこれに付した条件に従うこと

(3)　法令に基づく各省各庁の長の処分に従うこと

(4)　善良な管理者の注意をもって補助事業等を行うこと

(5)　補助金等の他の用途への使用をしてはならないこと

また、間接補助事業等の遂行については、同条第二項により次の四つの事項が定められている。

(1) 法令の定に従うこと
(2) 間接補助金等の交付又は融通の目的に従うこと
(3) 善良な管理者の注意をもって間接補助事業等を行うこと
(4) 間接補助金等の他の用途への使用をしてはならないこと

すなわち、補助事業等の遂行についても、また、間接補助事業等の遂行についても、「善良な管理者の注意」をもって行わなければならないという明確な基準が本条によって定められているとともに、補助金等及び間接補助金等の「他用途使用」を禁止している。補助事業等を法令の定並びに補助金等の交付の決定の内容及びこれに付した条件その他法令に基づく各省各庁の長の処分に従い、善良な管理者の注意をもって行うならば、補助金等を他の用途へ使用する事態は生じないはずであるが、本条において他用途使用の禁止を特に明定しているのは、「他用途使用」が最も背信的な行為であり、後述する第三〇条の罰則を規定するためにも特別の規定として置く必要があったからである。ここで注意を要することは、利子補給金及び利子の軽減を目的とする給付金に係る「他用途使用」の意味である。これは本法第一一条から明らかなごとく、利子補給金又は利子の軽減を目的とする給付金の交付を受ける者にあってはその交付の目的となっている融資又は利子の軽減をしないことにより、交付の目的に反して交付を受けたことになることをいい、また、当該利子補給金又は利子の軽減を目的とする給付金の交付を受けた者から資金の融通を受けた者にあっては、その資金を融通の目的に従って使用しないことにより不当に利子の軽減を受けたことになることをいう。このように利子補給金等については、本来の用途に使用しないという不作為を禁止しているのであるが、利子補給金に限らず、全ての補助金等について「他用途使用」には、本来の用途に使用しない場合を含むものと解してよいであろう。

間接補助事業者等が自己負担を伴う間接補助事業等について、自己負担すべき部分について自己負担をしないで間接補助金等の補助率を上回った間接補助金等の交付を受けて間接補助事業等を完成した場合においても、他用途使用となる点に留意すべきである。

二　補助事業等の遂行状況の報告

補助事業者等は、補助金等の交付の決定に従って補助事業等を遂行するわけであるが、国は、税金等の貴重な財源によって補助金等の交付を行うものであるから、それがもっとも効率的に使用されるように常に監督をしなければならない責務を負っているところであり、この責務を果たすためには、補助事業等の遂行の状態を常に把握している必要があるものといわなければならない。本法第一二条は、このような趣旨に基づき、補助事業等の遂行状況に関する報告の義務を規定している。ただ、具体的な状況報告は、それぞれの補助事業等により、内容もまた報告時期も一律に定めることはできないので、すべて「各省各庁の長の定めるところにより」報告しなければならないこととされているのである。その内容としては、補助事業等の遂行の内容が詳細にわかるように定められなければならないものであることはいうまでもない。なお、本条の状況報告は、補助事業者等のみを義務づけているものであるが、間接補助事業等の進捗状況は補助事業等の報告の様式の定め方如何により、その中に含まれるようにすることもできるであろう。

三　補助事業等の一時停止等

補助事業等にかかる状況報告あるいは自らの調査、検査等によってその遂行状況が交付決定どおりに行われていないことを知った場合には、適正な執行を求めるべきことが国の当然の責任であろう。このため、本法第一三条第一項は、「補助事業等が補助金等の交付の決定の内容又はこれに附した条件に従って遂行されていないと認めるときは、その者に対し、これらに従って当該補助事業等を遂行すべきことを命ずることができる」と規定するとともに、同条第二項は、「補助事業者等が前項の命令に違反したときは、その者に対し、当該補助事業等の遂行の一時停止を命ずることができる」と規定して各省各庁の長に対し監督上の権限を与えている。すなわち、国が補助金等を交付することと決定したからには、その交付の対象となった補助事業等が国の期待するとおりに行われることが補助金を交付した目的からみてもっとも必要とされるわけであるから、補助事業等の遂行の途中においてそれが適当でないと認められる場合には、できるだけすみやかにこれを期待どおりに遂行されるよう必要な措置をとることを第一に補助事業者等に命じなければならない。しかしながら、このような措置が効を奏しないと認められる場合には、いたずらにこれを放置することは国損をより大きくすることとなるので、国損の拡大をできるだけ防止する措置をすみやかに講じなければならないものと考えられる。これがすなわち本法第一三条第二項の趣旨とするところである。そして、同項の規定に基づく補助事業等の遂行の一時停止は、あくまでも一時の停止であって、国としては、補助事業等が国の期待どおりに遂行されないならば、もはや補助金等の交付を取りやめるべきものであるから、同法施行令第七条は、「補助事業等の一時停止を命ずる場合においては、補助事業者等が当該補助金等の交付の決定の内容及びこれに附した条件に適合させるための措置を各省各庁の長の指定する期日までにとらないときは、本法第一七条第一項の規定により当該補助金等の交付の決定の全部又は一部を取り消す旨を、明らかにしなければならない」と規定して、このような趣旨を明確にするとともに、国の次にとるべき措置を明らかにしているのである。

なお、本法第一三条第一項の遂行命令及び同条第二項の一時停止命令は、補助事業者等に対して発することのできるものであり、各省各庁の長は間接補助事業者等に対して、これらの命令をすることはできない点に注意する必要がある。

四　補助金等の額の確定

(1)　補助事業等が完了すれば実績報告をしなければならない

補助事業等が完了すれば、国は、補助金等の交付の決定に従って、相手方に対して補助金等を交付しなければならないこととなるが、相手方が補助事業等を交付の決定どおりに行ったかどうかが明確にわからなければ交付すべき補助金等の額を最終的に決めることができない。また、国の予算制度は単年度予算となっており、会計年度独立の原則（財政法第一二条）があるため、補助条件のところで説明したように、補助事業等が何らかの理由で予定の期間内に完了することができず、各省各庁の長の承認を受けてその事業を翌年度にわたって行うこととなる場合には、当該年度内に終った部分に見合う額の補助金等は概算払あるいは前金払の方法によって交付することはできても、その残余の額については国において繰越しの手続をとる必要が生じてくる。そこで本法は、第一四条に「補助事業等が完了したときは、補助事業等の成果を記載した補助事業等実績報告書に各省各庁の長の定める書類を添えて各省各庁の長に報告しなければならない。補助金等の交付の決定に係る国の会計年度が終了した場合も、また同様とする」と規定し、これらの場合には「実績報告書」を提出すべきことを補助事業者等に対して義務づけている。そして、具体的な実績報告書の様式とか、提出時期とかあるいは添附書類等（添附書類の例としては、設計書、完了個所図面、残材料調書、補助金等精算書等がある）については、多種多様の補助金等に係るものを一律に決めることはできないので、個々の補助金等に応じて各省各庁の長が定めることとされているのである。その内容としては、補助金等の額を確定するのに必要な補助事業等の成果の状況を具体的かつ詳細に記載されたものでなければならない。なお、補助条件に基づき各省各庁の長の承認を受けて、補助事業等の遂行を途中で廃止した場合においては、それ以後は補助事業等は行われず、それまでの事務又は事業に見合う補助事業等の額を決めることとなるので、やはりそこまでの実績報告書を提出することとされているのである。また、補助事業等は完了しないが国の会計年度が終了したため提出する実績報告書については、原則として翌年度以降の補助事業等の遂行に関する計画を付記することとされている（施行令第八条）。

これらの実績報告書が提出されてはじめて具体的な補助金等の額の確定ができるのであるから、その提出時期については、当然一定の期限が存するものであることはいうまでもないが、各種の補助事業等に係るものであるためこれを一律に定めることはできないので、その提出期限についても、各省各庁の長が具体的な補助事業等に応じて定めることとなるのである。なお、中央連絡会議において、実績報告書の審査等の日数を勘案し、その提出期限を原則として補助事業等の完了若しくは廃止の承認を受けた日から起算して一月以内又はその翌年度の四月一〇日までのいずれか早い日としている（「補助事業等実績報告書の提出期限等について」（昭三三、一一、一五蔵計三一八二号）の一。基本通達18参照）。

⑵　実績報告書が提出されると補助金等の額の確定が行われる

補助事業等が完了し、あるいは補助事業等の廃止の承認があったことにより、当該補助事業等に係る実績報告書が提出されると、国は交付すべき補助金等の額を最終的に決める必要がある。かかる場合の措置については、法第一五条に「報告書等の書類の審査及び必要に応じて行う現地調査等により、その報告に係る補助事業等の成果が補助金等の交付の決定の内容及びこれに附した条件に適合するものであるかどうかを調査し、適合すると認めたときは、交付すべき補助金等の額を確定」すると規定されている。すなわち、補助金等の交付の決定の場合と同様に、実績報告書が提出されたもののすべてについて現地調査を行うことができないので、「書類の審査及び必要に応じて行う現地調査等」によって、その成果の状況を調査するものであり、その調査の結果、補助金等の交付の決定の内容及びこれに付した条件に適合すると認められたものについてのみ、補助金等の額の確定が行われるのである。また、適合していないものについては、次に述べるように是正命令が出されることとなる。ここで「適合する」とは、報告に係る補助事業等が、補助金等の交付の決定の内容及びこれに付した条件どおりに行われていることをいうのである。

補助金等の額の最終的な決定を「確定」と称しているが、これには三つの態様がある。すなわち、報告に係る補助事業等の成果が、交付決定どおりのものである場合には単純に確認することとなり（確認行為）、交付決定の内容及び条件に適合しているが交付すべき補助金等の額を増額すべきものと認められる場合には増額交付決定をなし（増額確定）、減額すべきものと認められる場合は減額交付決定をなす（減額確定）こととなる。いわゆる打切補助については、増額確定の態様は生じないが、精算補助については増額確定すべき場合が生じうることに注意する必要がある。減額確定がなされた場合で、すでに当該確定額をこえる補助金等が交付されている場合は、その返還を命じなければならないこととされている。いずれにせよ、額の確定をした場合には、補助金等の交付の決定がなされた場合と同様に、これを補助事業者等に通知しなければならないのである。

会計法令は同時履行を原則とするので、補助金等についても補助事業等が完了した後、すなわち、前述の補助金等の確定が行われた後に交付するのが建前であることはいうまでもない。しかしながら、実際には、会計法令等の規定に基づき、前金払又は概算払により補助金等の一部を補助金等の額の確定前に交付している場合が多いところである。いずれにしても、国が、精算払により支出をすることができるのは翌年度の四月末日限りである（予算決算及び会計令（昭和二二年勅令第一六五号）第四条）関係上、上記の「補助金等の額の確定」も当然かかる観点からの時間的制約を受けるものであり、中央連絡会議において、補助金等の額の確定の通知期限につき、「実績報告書受理後原則として二十日以内に行うものとする」こととされている。

補助金等の額の確定は、補助事業等の成果が補助金等の交付の内容及びそれに付した条件に適合するものであるかどうかを補助事業者等から提出される実績報告書あるいは必要に応じて行う現地調査の結果等に基づいて調査し、適合すると認めたときに交付すべき補助金等の額を最終的に確定する行為である。

したがって、補助金等の額の確定に当たっては、交付行政庁の自由裁量が入る余地はなく、最終的に交付すべき補助金等の額が資料等に基づいて客観的に判断されることになるものであるから、補助金等の額の確定に当たって条件を付することはできないと解される。

注

補助金等の繰越し

⑴　補助金等の繰越し

毎会計年度の国の歳出予算は、一会計年度内において使用し終わるべきものであって、もし使用し終わらなかった金額については、これをすべて不用とするのが建前となっている。しかし、この原則を全面的に適用することによりかえってその結果が国の諸施策の遂行上不利、不経済になる場合があることをも考慮し、会計年度独立の原則の例外として、歳出予算を翌年度に繰り越して使用できる繰越制度が設けられている。

補助金等の執行に当たっては、年度内に補助事業等が完了し補助金等の額の精算確定が行われるよう努められるべきである。しかし、やむを得ない事情によって年度内に補助事業等が完了せず、補助金等の予算額を使用し終わらない事態に至った場合において、その補助事業等を引き続き実施する必要があるときは、その使用し終わらなかった補助金等の予算額を翌年度において使用することを認めている。この場合、財政法等の定めるところに従って補助金等の予算額の繰越手続をとらなければならない。

繰越の種類としては、㈠明許繰越し、㈡事故繰越し、㈢継続費の年割額の逓次繰越し、㈣特別会計法の特別規定による繰越しの四種があるが、補助金等予算額の繰越しで関係してくるのは一般的には、明許繰越しと事故繰越しである。

イ　明許繰越し

「明許繰越し」とは、財政法第一四条の三の規定による繰越しである。同条の規定によると「歳出予算の経費のうち、その性質上又は予算成立後の事由に基き年度内にその支出を終らない見込のあるものについては、予め国会の議決を経て、翌年度に繰り越して使用することができる。」ことになっている。これを通常「明許繰越し」といっている。

この繰越しには二つの場合がある。

その一つは、経費の性質上その年度内にその経費の支出が終わらない見込みのある経費について、あらかじめ国会の議決を経ておき繰り越す場合である。経費の性質とは、主としてその経費の使用の対象である事務、事業に係る特殊な事情からくる性質をさすのであり、したがって、特定の事務、事業が備える特殊な事情から当該事務、事業が一会計年度内に完結しないおそれのあることも考えられ、これに伴って当該事務、事業に要する経費の支出が一会計年度内に終わらない場合の生ずる見込みのあることが条件とされている。

「経費の性質上年度内に支出を終わらない見込みのあるもの」とは、経費支出の対象である補助事業等が、計画、設計、土地、資材等の取得、建設、製造等の実行等の各過程において、外部的要因、つまり自然的、社会的諸条件（例えば、気象の関係、用地の関係、資材の入手関係、相手方の請求関係等）に支配され、当該補助事業等が年度内に完了せず、これに伴ってその経費の支出が年度内に完了しない見込み（性質）の内在する経費を指すものである。

他の一つは、当初はその会計年度内に支出し終わる見込みであった特定の事務、又は事業に係る経費が、予算執行の過程において、何らかの事由によってその会計年度内に支出を終わらない見込みが生じた場合によって、予算補正を行い繰越明許費として国会の議決を経ておき繰り越す場合である。すなわち、当初予算の編成の際には繰越明許費としていなかった経費について、予算成立後に何らかの事由によってその会計年度内に支出を終わらない見込みが生じたことが要件とされている。

これらの場合においては、その支出を終わらない見込みのある経費について「繰越明許費」という予算の中の一形式により国会の議決を経て繰越しの権能を得ておき、その必要が生じた場合に、財務大臣の承認を得て翌年度に繰り越して使用することができる。

ロ　事故繰越し

「事故繰越し」とは、財政法第四二条ただし書の規定による繰越しである。同条の規定によると「歳出予算の経費の金額のうち、年度内に支出負担行為をなし避け難い事故のため年度内に支出を終らなかったもの（当該支出負担行為に係る工事その他の事業の遂行上の必要に基づきこれに関連して支出を要する経費の金額を含む。）は、これを翌年度に繰り越して使用することができる。」ことになっている。これを通常「事故繰越し」といっている。

この繰越しは、当該経費について明許繰越しのようにあらかじめ翌年度に繰り越して使用することが予想される性質のものではなく、当初においてはその年度内に使用し終わる計画で支出負担行為（国の支出の原因となる契約その他の行為）を行ったが、予算の執行の過程において避け難い事故のためにその年度内に使用を終わらない状況に立ち至った場合に、財務大臣の承認を経て翌年度にその経費の金額を繰り越して使用できるものとする制度である。

(2)　未竣功工事問題

未竣功工事とは、「年度内に完了していない補助工事等に係る予算について繰越し手続を執るべきであるにもかかわらず、その手続を執らず、実績報告において年度内に工事等が完了したものとして処理され、これに基づいて補助金等が全額精算交付される」ものである。これは、補助金等適正化法、財政法等に明らかに違背するばかりか、次のような問題もあり、その根絶を図る必要がある。

(イ)　国の予算の効率的な使用を妨げることとなる。

繰越手続図（繰越しの手続に関する事務を支出負担行為担当官等に委任している場合）

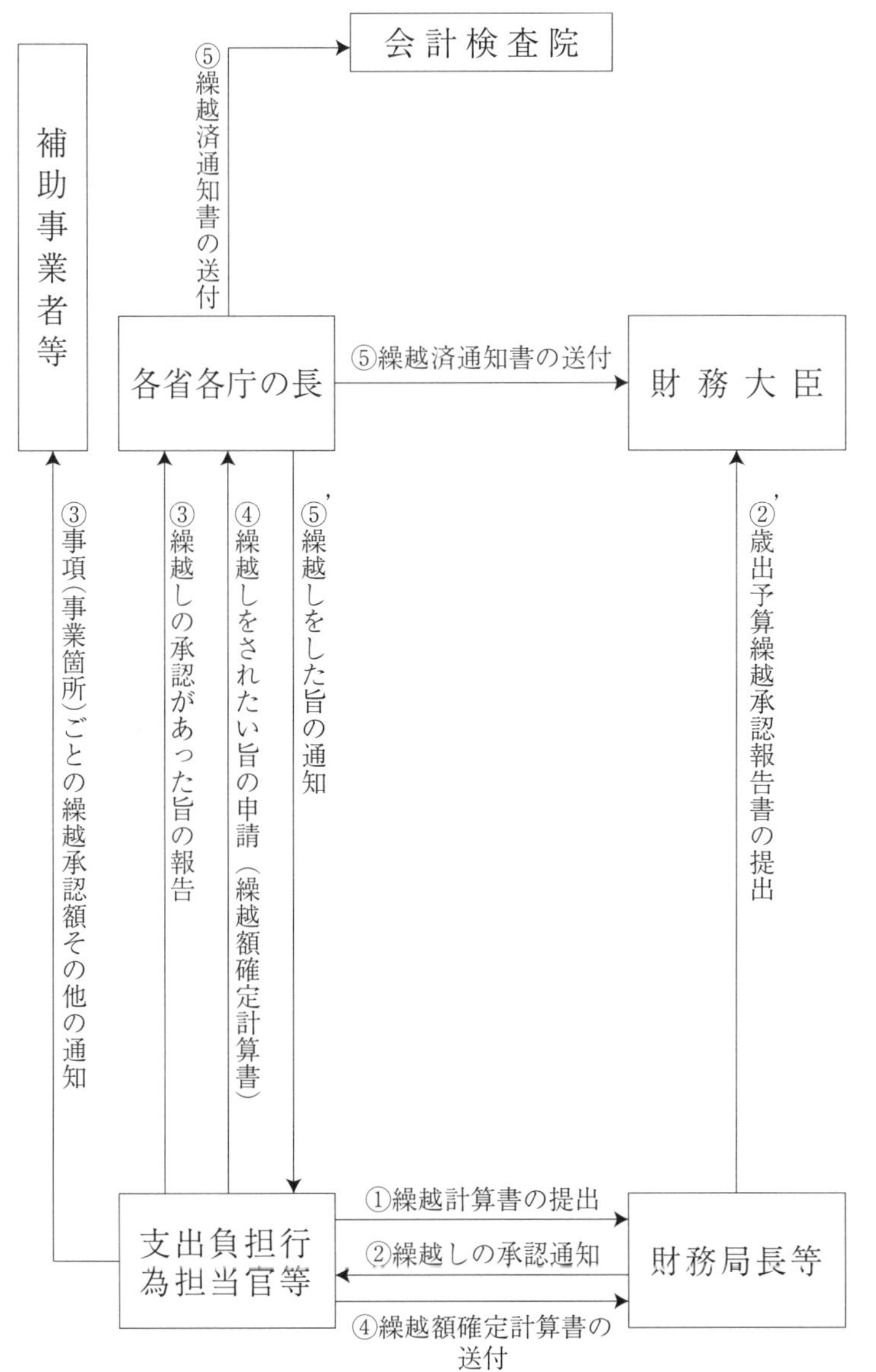

（注）「財務局長等」には、福岡財務支局長及び沖縄総合事務局長を含む。
「支出負担行為担当官等」とは、支出負担行為担当官又はその他の職員、都道府県知事若しくは職員をいう。

未竣功工事では、補助工事等の完了前に国庫補助金等を全額概算払等しているため、当該国庫補助金等が補助事業者等に滞留することとなるほか、交付後に補助事業等の実施の内容が変化することにより国庫補助金等の減額を必要とする事態が生じてもこれにすみやかに対応できなくなり、返納されるべき国庫補助金等の効率的な使用を妨げる結果を招来する。

特に現在のように、わが国の財政が多額の国債に依存している状況からは、予算の適正、効率的な執行を図ることが極めて重要であるが、このような未竣功工事によって、長期間多額の国庫補助金等が補助事業者等に不当に滞留することははなはだ不適切なことである。

また、このように補助工事等が年度内に完了していないにもかかわらず完了したかのごとくして国の予算の執行実績等が報告され、また統計が作成されればこれを基礎として予算の執行面の管理や財政政策がとられることにもなり、これらの的確な運用に大きな支障を生じかねないこととなる。

(ロ)　地方公共団体の予算執行が適正に行われないことにもなる。

未竣功工事では、補助事業者等は年度内に国庫補助金等を受入れ、事業が完了するまでの間は工事施行業者等に支払いをしないため当該国庫補助金等相当額を含む工事等の代金相当額が、現金、銀行預金や小切手で保管されることとなるが、このような処理は、亡失等の事故の発生や不正経理の温床となる危険性があり、また、補助事業者等において当該代金相当額を保管せず事業が完了していないのに工事施行業者等に代金を支払っている事例も見受けられるが、公会計における工事等代金の支払いは、やはり同時履行の原則にたって行われるべきであり、このような会計処理は地方財政法令上も問題があろう。

未竣功工事の再発を防止するためには、補助事業者等はいうまでもなく、補助金等の予算の執行を担当する支出官、支出負担行為担当官及びこれらの補助者等関係者の一人一人が、これまでのややもすれば法令を軽視しがちな認識を改め、法令遵守の新しい認識の下に補助金等適正化法その他の財政会計法令及びこれに基づく通達を十分理解し、その定めるところに従って、厳正に、適正かつ効率的な予算の執行を行うよう努めることが必要である。

五　是正命令

本法第一五条に基づく補助金等の額の確定は、できあがった補助事業等が補助金額等の交付の決定の内容及びこれに付した条件に適合すると認めた場合に限り行われるものであるため、「適合しないと認められる」場合にどのような措置をとるべきかということが問題となる。

補助事業等の実績を調査した結果、適合しないと認めるときは、補助金等適正化法第一七条の規定により当該補助事業等が交付の決定の内容又はこれに付した条件に違反しているものとして、補助金等の交付決定を取り消すことにより補助金等を返還させることも一つの方法である。例えば、補助事業者等において是正措置を講ずる意思がない等善意が全く期待できない場合や補助事業等の性格上是正措置が不能若しくは困難な場合には、取消しによってすみやかに補助金等を回収し、公金の効率的な使用を図ることが考えられる。しかし、既に補助事業等が遂行され、その結果の成果物があり、これが本来国の意図した状態に完成しないまま放置される場合には、積極的に補助目的を達成させることも必要である。

このような場合に対処するため、補助金等適正化法第一六条の「是正命令」の規定が設けられている。本法第一六条第一項は「当該補助事業等につき、これに適合させるための措置をとるべきことを当該補助事業者等に対して命ずることができる」と規定している。

元来、補助金等の交付の決定が行われた場合においては、国はそのもっとも効率的な完成を期待するものであって、前述したように、国の期待どおりにできないものについては補助金等を交付しなければよいという単純なものではなく、一度補助金等を交付することと決定したからには、補助事業等又は間接補助事業等を補助目的に沿って極力行わせることが国の当然の責任である。このため、本法第一六条第一項は、「適合させるための措置をとるべきこと」を命ずることができることとされたのである。このような措置をとりえないような次のような場合については、本法第一七条に基づく補助金等の交付の決定の取消が行われることとなる。

第一に、事業の性格に起因する制約のある場合

事業としての実体が存するものではなく、事業の効果が事業完了後認定されるような性格の事業については是正の余地はない。

第二に、補助事業等の事業費に着目して適合性を判断する場合

補助金等の交付決定又はその条件において、単位当たり経費その他事業費面からの効率性が重要である場合には、過当支出ということで不適当とされても、再び事業費を回収して是正させるという手段がなく不適当な補助事業等について交付決定を取り消すという方法しかない場合がある。

第三に、事業の実体が交付決定内容と質的に著しく乖離する場合

災害復旧事業費について補助するときは、原形復旧を超えた事業が行われた場合には、その超えた部分を除去させることによって是正することが妥当でないときもある。例えば、木橋架設の交付決定に対して補助事業者等が鉄

橋を架設した場合は、鉄橋を取りはずして木橋を再びかけさせるということは、社会経済的にも非常識である。したがって、このような場合には「交付決定の取消」ということで対処せざるを得ないことになる。

なお、上述の適合させるための措置の命令に従って補助事業等が遂行されれば、その結果によって、補助金等の額の確定が行われることとなるのであり、本法第一六条第二項において「第十四条の規定は、前項の規定による命令に従って行う補助事業等について準用する」と規定して、その関係を明らかにしている。すなわち、第一四条の規定に基づいて当該是正命令に従って遂行された補助事業等についての実績報告がなされ、更に、第一五条の規定に基づいて当該補助事業等に係る補助金等の額の確定が行われるわけである。

第四章　補助金等の交付決定の取消等の措置

第一節　補助金等の交付決定の取消等

一　補助金等の交付決定の取消等の意義

本法が目的とする「補助金等に係る予算の執行の適正化」とは、単に、補助金等の不正不当な支出によって、貴重な国費が無為に消費されることを防止しようとするものであるのみでなく、更に、積極的に補助金等の支出の資金効率を確保することをも期待するものであることはいうまでもないであろう。したがって、補助事業等の遂行の段階において、その遂行の状態が国の期待に反するものについてはこれを是正させ、是正し難いものあるいは不正不当な遂行を行っているものについては、補助金等の交付を取りやめることによって、その不正不当な支出を防止することが必要である場合もあろう。また、これらの不正不当の事実はないにしても、交付決定後の客観的情勢の変化により、補助事業等の遂行が不可能となり、あるいはその遂行の必要がなくなったような場合には、将来の補助事業等の遂行を取りやめる方が資金効率の確保の面から望ましい場合も存するわけである。このような場合の措置として、本法は第一七条において「義務違反による交付決定の取消」に関し規定するとともに、第一〇条において「事情変更による交付決定の取消等」に関し必要な事項を規定している。

一般に行政行為は、それが違法のものであろうとも、あるいは瑕疵があるものであろうとも、それが一旦なされたならば、権限ある機関による取消がなされるまでは、すべて、一応適法の推定を受け、相手方のみならず第三者も、国家機関もその効力を否定することのできない効力（公定力）をもっている。これは、行政行為という公的な性格から、一旦有効な行政行為がなされると、これを基礎として新しい法律秩序が形成されていくのであって、これを不安定な状態におくことは既成の法律秩序を破壊し、法律生活の安定を阻害することとなるからである。したがって、その撤回、取消等については、主として法律秩序を維持し尊重する見地から、一定の制限が存するものと解されており、一般的には、その撤回、取消等を必要とするだけの公益上の理由がなければならないとされている。これらのことは、補助金等の交付の決定の撤回、取消等についても、そのままあてはまるものといえよう。

本法は、「補助金等に係る予算の執行の適正化」の見地から、特に、事情の変更があった場合及び義務違反があった場合に限り、その第一〇条及び第一七条により補助金等の交付の決定の全部または一部の取消（第一〇条の場合は変更）ができることとされている。これらの取消は、後述するように、当初の交付決定自体は何らの瑕疵なく成立したものであるが、その後の客観的条件の変化により、あるいは相手方の義務違反によりこれをそのまま存続させることが公益に適合しないこととなった場合に、これを公益に適合させるため交付決定の効力を失わせることとするものであり、行政行為に瑕疵ある場合の取消とは性格が異なる。

行政行為に瑕疵ある場合の取消とは、交付申請者の詐欺、強迫、贈賄等の不正行為によりなされた交付決定（瑕疵ある交付決定）であって、公益上の理由がある場合であって相手方の信頼を保護する必要がないと認められるときには、これを取り消し、または変更することができるものである。

本法においては、第一〇条も第一七条もともに「取消」という表現を用いているが、瑕疵ある交付決定の取消とは、その効果を異にする。前者は将来に向ってのみ効力を有するものであり、後者は既往に溯って効力を有するものであって、講学上は、前者を「撤回」といい、後者を「取消」と称している。以下、便宜上、本法の規定に従い、一括して「取消」の用語を用いて説明することとする。

二　事情変更による交付決定の取消等

(1)　補助金等の交付決定の取消等ができるのは天災地変等特別の場合に限られる

本法は、事情の変更による補助金等の交付の決定の取消及び変更につき、第一〇条第一項に「その後の事情の変更により特別の必要が生じたときは」将来に向って、「補助金等の交付の決定の全部若しくは一部を取り消し、又はその決定の内容若しくはこれに附した条件を変更することができる」と規定している。本条の交付決定の内容若しくは条件の変更あるいは交付の決定の取消は、補助事業者等の責に帰すべき事由によるものではないので、既に補助事業者等が遂行した部分があれば、それには及ばないこととして、ただし書で「補助事業等のうちすでに経過した期間に係る部分については、この限りでない」と規定している。交付決定の取消及び交付決定の内容等の変更は、客観的な事情変更があること、かつ特別の必要があることの二つの要件を満たす場合にのみなしうるわけであるが「取り消すことができる場合」については、更に、同条第二項において、次のいずれかの場合に限ることとされている。

①　天災地変その他補助金等の交付の決定後生じた事情の変更により補助事業等の全部又は一部を継続する必要がなくなった場合

ここに「天災地変」が事情変更の例示としてあげられているが、必ずしも自然的条件の変化のみに限られるものではなく、社会経済情勢の変化等も含まれる。

②　その他政令で定める特に必要な場合

そして、この「特に必要な場合」については、同法施行令第五条により「補助事業者等又は間接補助事業者等が補助事業等又は間接補助事業等を遂行するため必要な土地その他の手段を使用することができないこと、補助事業等又は間接補助事業等に要する経費のうち補助金等又は間接補助金等によってまかなわれる部分以外の部分を負担することができないことその他の理由」により、「補助事業等又は間接補助事業等を遂行することができない場合」と定められている。なお、これらの場合において、その原因が「補助事業者等又は間接補助事業者等の責に帰すべき事情による場合を除く」とされているが、これは、本法第一七条の取消原因とされるからである。

近年、長期にわたり実施されてきた補助事業等が、再評価の結果、中止や中断される場合があるが、この様な場合の交付決定の取消については、その再評価が適正な手続を経て実施された客観的なものであれば、本法第一〇条第一項の事情変更による取消となると解される。「地方分権推進計画」（平成一〇年五月二九日閣議決定。基本通達6参照）においても「長期にわたり実施中の国庫補助事業等について、社会経済情勢の変化等に応じて再評価する仕組みとする。再評価の結果、当該国庫補助事業等を中断する場合、補助金等に係る予算の執行の適正化に関する法律第一〇条第一項においては、各省各庁の長は、補助金等の交付の決定後の事情の変更により特別の必要が生じたときは、当該交付の決定を事業等の執行が済んでいない部分に限って取り消すことができるとする趣旨を定めており、同項の適用があるときには、既に事業等の執行が済んだ部分について補助金等の返還を求められることはない。」と規定しており、本法第一〇条第一項の趣旨を明らかにしている（「補助金等に係る予算の執行の適正化に関する法律第十条第一項の規定の趣旨について」（平一〇、六、二九事務連絡）参考質疑応答1参照）。

なお交付決定の取消等がなされた場合においては、これを相手方に通知すべきことはいうまでもなく、本法第一〇条第四項は、その旨を明確に規定している。

(2)　補助金等の交付決定の取消により必要となった事務又は事業には補助金等が交付される

本法第一〇条第一項の規定に基づく交付の決定の取消は、相手方には何等の義務違反もなく、客観的な情勢の変化に伴いやむを得ず当該補助事業等の遂行を将来に向ってやめさせるものであり、それについての責任は、国側相手方双方とも全く存しないものである。補助事業者等は、当然その補助事業等の全体について計画を立て、これに即応する各種の手続をとっているものであろうから、これが途中で中断されれば、それに伴う各種の整理、例えば仮設物の撤去、あるいは請負業者との間の契約の解除等を行わなければならないこととなり、当然これらの処理のための経費がかかることとなるものである。本法はこのような場合について、特に規定を設けて、特別の補助金等を交付することにより、補助事業者等の側の損失の軽減を図ることとしている。すなわち、本法第一〇条第三項は「交付の決定の取消により特別に必要となった事務又は事業に対しては、政令で定めるところにより、補助金等を交付するものとする」と規定し、具体的には同法施行令第六条第一項により、

①　補助事業等に係る機械、器具及び仮設物の撤去その他の残務処理に要する経費（同項第一号）

②　補助事業等を行うため締結した契約の解除により必要となった賠償金の支払に要する経費（同項第二号）

について補助するとともに、補助率その他の補助金等の交付に関しては、すべて、その取消に係る補助金等と同様に行われるものであるとされている。

本法第一〇条第三項は、本法の中でも特殊の規定であって、同項自体が具体的な補助の根拠規定となっている。なお、この規定に基づいて交付される補助金等について本法の規定が適用されることはいうまでもない。

三　義務違反による交付決定の取消

補助事業等が補助金等の交付の目的に従って遂行されていない場合においては、すみやかにこれを是正させて、補助金等を交付することとした目的を完全に達成すべきことは、先に述べたとおりであるが、それが是正されない場合は、すみやかに補助金等の交付を取りやめ、国損を最小限度におさえるように措置すべきことは、補助金等の交付者側である国の当然の責務である。このような見地に立って、本法は、相手方の義務違反があった場合には、補助金等の交付の決定の取消という強制手段をとることができるものとしているのである。これが、本法第一七条の規定である。

すなわち、その第一項においては、補助事業者等が次に掲げる義務違反を行った場合には、「補助金等の交付の決定の全部又は一部を取り消すことができる」ことと定められている。

①　補助金等の他の用途への使用をしたとき

② 補助金等の交付の決定の内容又はこれに附した条件に違反したとき
③ 法令又はこれに基づく各省各庁の長の処分に違反したとき

本法による「各省各庁の長の処分」の例としては、第七条の承認及び指示、第一〇条の決定の内容若しくは条件の変更、第一三条の遂行命令及び一時停止命令、第一六条の是正命令並びに第二三条の報告提出命令等があるが、これらに従わない場合においても交付決定そのものを取り消すことができるものとしているのである。

また、その第二項においては、間接補助事業者等が次に掲げる義務違反を行った場合には、「補助事業者等に対して、当該間接補助金等に係る補助金等の交付の決定の全部又は一部を取り消すことができる」ことと定められている。

① 間接補助金等を他の用途への使用をしたとき
② 間接補助事業等に関して法令に違反したとき

ここで、間接補助事業者等の義務違反であるのに、取消の相手方を補助事業者等とした理由は、国と間接補助事業者等との間には直接の関係は存せず、ただ補助事業者等をとおして国費による間接補助金等が交付されていく相手方であるに過ぎないが、間接補助事業者等に対して間接補助金等を交付するのは、すべて補助事業者等の責任において行われるものであるから、補助事業者等は当該間接補助事業者等の間接補助事業等の遂行について義務違反が生じないよう監督すべき責任をもっているためである。

補助金等適正化法は、国と補助事業者等との間の関係を規制することを建前としており、補助事業者等と間接補助事業者等との関係については、補助事業者等が間接補助金等を交付する際に付す「条件」によって規制されることになっている。また、補助金等適正化法第一一条は、間接補助事業者等の間接補助事業等の遂行について、「法令の定及び間接補助金等の交付の目的に従い、善良な管理者の注意をもって間接補助事業等を行わなければならず、いやしくも間接補助金等の他の用途への使用をしてはならない。」という義務を規定している。なお、これに対する罰則についても規定している。

間接補助事業者等が、間接補助事業等に関して「法令に違反」した場合としては、次の二つのケースが考えられる。

① 間接補助事業者等の法令違反の事態について、補助事業者等の法令違反そのものと同一視されるような場合。

補助事業者等は、補助金等の交付の目的に従って間接補助事業者等に交付し間接補助事業等を適切に監督しつつ補助金等の交付の目的を達成させる義務があるが、善良な管理者の注意義務を怠ったことにより間接補助事業者等が法令違反をした場合は、明らかに補助事業者等が補助金等適正化法第一一条違反になるので同法第一七条第一項の規定により「補助事業者等の法令違反」として補助金等の交付の決定の取消しを受けることになる。

この場合、やむを得ない事情があると認める場合を除いて、補助金等の返還の際には補助金等適正化法第一九条の「加算金」が付される。

② 補助事業者等が、間接補助事業者等の監督について善良な管理者の注意を払っていたにもかかわらず、間接補助事業者等の法令違反が行われた場合。

この場合は、補助事業者等の法令違反がないので補助金等適正化法第一七条第一項の規定による補助金等の交付決定の取消しはないが、同法第一七条第二項が適用される。同規定は、間接補助事業者等が間接補助事業等に関して法令に違反したときは、「補助事業者等」に対して当該間接補助金等の交付の決定の全部又は一部を取り消すことができる旨を定めたものであるが、これは、補助金等適正化法は原則として補助事業者等と国との関係を規制するものであるから、間接補助事業者等に違反行為があっても、補助事業者等に対して補助金等の交付決定を取り消すことになるのである。

なお、この場合補助金等適正化法第一九条第一項の加算金は、補助事業者等が善良な管理者の注意義務をもって十分に間接補助事業者等の事業遂行について監督していたのであるから、補助事業者等の責に帰すべき理由はない。このため、間接補助事業者等において補助金等の恩恵を留保する必要がないため、早急に間接補助金等を回収するために補助金等を回収するものである。これが、補助金等適正化法第一七条第二項の趣旨である。また、以上の義務違反は、国に対する背信行為であり、補助事業等又は間接補助事業等の遂行の過程の義務違反のみに限る必要はないので、同条第三項により、補助金等の額の確定があった後においてこれらの義務違反がわかった場合においては、これらの取消を行うことができるものとされている。そして、取消をした場合に相手方に通知すべきことは、第一〇条の場合と同様である（同条第四項）。

四　事情変更による取消と義務違反による取消の相違点

本法第一〇条の事情変更による取消に基づく補助金等の返還については、加算金が付されないが、本法第一七条の義務違反による取消に基づく返還については、後述するように加算金が付される。また事情変更による取消により特別に必要となった事務、事業に対しては特別の補助金等が交付されるが、義務違反による取消についてはこのような特典が与えられない。更に、事情変更による取消は、補助事業等のうち既に遂行されている部分すなわち既着手部分についてはなすことができないが、義務違反による取消については特にそのような制限が付されていないので公益上必要があると認められる場合には、既往部分についても取消しうるものと解される。このように、事情変更による場合と義務違反による場合とで、取消しうる要件、効果が異なっているのは、前者の場合が、補助事業者等の責に帰すべき事由でないことによるものであることはいうまでもないであろう。

第二節　補助金等の返還等

一　補助金等の返還命令

補助金等が交付されるべき根拠なしに交付された場合には、相手方にとっては、一般には不当利得となるものであり、交付者としての国にとっては、これをすみやかに回収すべき責任が生ずるものであることはいうまでもないであろう。補助金等の交付の決定がなされた後において、補助金等を交付すべき根拠がなくなる場合として考えられるのは、当該交付決定の全部又は一部の取消が行われた場合及び当該交付決定の額より少ない額により補助金等の額の確定が行われた場合が考えられる。国の金銭の支払は同時履行を原則としているが、補助金等については、前金払又は概算払により支払うことができるものであって（会計法第二二条、予算決算及び会計令第五七条第一〇号及び第五八条第四号）、かつ、これが大幅に認められている結果、補助金等の交付決定の全部又は一部の取消あるいは補助金等の減額確定に伴い、補助金等の全部又は一部を国が回収しなければならないこととなる。本法はこれらの場合の措置につき、第一八条に必要な規定を置いている。

(1) 補助金等の返還の期限は各省各庁の長が定める

第一項は、補助金等の交付決定の取消に伴う措置につき、「補助事業等の当該取消に係る部分に関し、すでに補助金等が交付されているときは、期限を定めて、その返還を命じなければならない」と規定し、また、第二項は、補助金等の額の確定に伴う措置につき、「すでにその額をこえる補助金等が交付されているときは、期限を定めて、その返還を命じなければならない」と規定し、いずれの場合においても、必ず返還させるべきことを義務づけているのである。第一項の返還命令は、「補助金等の交付の決定を取り消した場合において」と規定され、いかなる取消について行うか限定されていないので、本法第一〇条の事情変更による交付決定の取消、第一七条の義務違反による交付決定の取消、瑕疵ある交付決定の取消、及び他の法律の特別規定による取消のすべての場合が含まれることに注意すべきである。これらの返還の期限については、資金効率の面からみれば、できるだけ早くこれを回収すべきであるが、多種多様の補助金等であるためその期限を一律に規制することはできないので、具体的事例につき各省各庁の長が定めることとなっている。なお、この期限につき、中央連絡会議において、本法第一八条第一項の場合は原則として、補助金等の交付決定の取消の通知の日から二〇日以内と、本法第一八条第二項の場合は、補助金等の額の確定の通知の日から二〇日以内とし、補助事業者等が地方公共団体であって、補助金等返還のための予算措置について、議会の承認を必要とする場合で、かつ交付決定の取消の通知の日から二〇日以内の期限によリ難い場合には、補助金等の額の確定の通知の日から九〇日以内で各省各庁の長が定める日以内とすることができると定められている(「補助事業等実績報告書の提出期限等について」の三。基本通達18)。

(2) 補助金等の返還期限の延長等も可能である

補助金等の交付決定の取消は、前節の説明で明らかなように、事情変更による取消と、義務違反による取消とがあり、後者においては、間接補助事業者等の義務違反があることにより、補助事業者等に対して当該交付決定の取消が行われる場合がある。この場合において、補助事業者等が取り消された当該交付決定に係る補助金等を返還するために、それに係る間接補助金等の回収に充分努力したのにかかわらず、その回収が遅延し、あるいは回収が不可能となる場合も考えられる。このような場合においても、国としては補助金等の回収に努力すべきであることはいうまでもないが、その責任をすべて補助事業者等に負わせることもまた酷に過ぎる場合もあるので、第一八条第三項は「やむを得ない事情があると認めるときは、政令で定めるところにより、返還の期限を延長し、又は返還の命令の全部若しくは一部を取り消すことができる」と規定しており、これは国の債権の免除、効力変更等を行うためには、法律に基づくことを要するとしている財政法第八条の規定の「法律」に該当する。

なお、この補助金等の返還の期限の延長等の措置の手続等に関しては、施行令第九条に、次のように定められている。

① 補助事業者等の申請により行うべきこと（第一項）

② 当該申請には、補助事業者等がとった措置及び補助金等の返還を困難とする理由等を記載した書類を添えるべきこと（第二項）

③ 返還期限の延長等の措置をしようとするときは、財務大臣に協議すべきこと（第三項）

この場合において、当該措置をとる者が独立行政法人等であるときは、主務大臣の承認を受けるべきものとし、主務大臣が当該承認をしようとするときは、財務大臣に協議すべきこととされている（第四項、第五項）。

二　加算金及び延滞金

(1)　加算金は義務違反に係る補助金等の返還金に附される

義務違反に基づく補助金等の交付の決定の全部又は一部の取消が行われた場合において、概算払により当該取消に係る部分についての補助金等が交付されていたときは、その補助金等は、いわば故なく国の資金を使用していたこととなり、不当利得に相当するという考え方も成立するであろう。したがって、一般には利息を付して返還させるのが当然である。そこで本法は、相手方の義務違反に着目し、不当利得に伴う利息にあわせて制裁的な意味を加えた賦課金としてこれらの取消に基づく返還金については、加算金を付することとしている。これが本法第一九条第一項の規定の趣旨である。すなわち、この規定に基づく加算金は、次のように付されることになっている。

①　第一七条第一項の規定又はこれに準ずる他の法律の規定による取消に伴う補助金等の返還金につき付される。したがって前述のとおり、事情変更による取消に伴う補助金等の返還金については付されない。

②　返還命令に係る補助金等の受領の日から納付の日までの日数に応じて付される。

③　補助金等の額（その一部が納付された場合におけるその後の期間については、既納額を控除した額）につき年一〇・九五パーセントの割合で計算した額が付される。

そして、この加算金の計算に関しては相手方の利益を考慮して、施行令第一〇条により、次のように定められている。

① 補助金等が二回以上に分けて概算払により交付されていた場合には、返還を命ぜられた額に相当する補助金等がこの二回以上に分けて交付されたうちの最後の受領の日に受領したものとして加算金を計算し、またこの場合に、当該返還を命ぜられた額が最後に交付された額を超えるときは、その返還を命ぜられた額に達するまで順次溯ってそれぞれの受領の日において受領したものとして加算金を計算する（施行令第一〇条第一項）。

② 返還を命ぜられた補助金等およびこれに付された加算金の合計額に達しない額を納付してきた場合には、民法の一般的原則に従えば、弁済費用、利息、元本の順に充当される（民法第四八九条第一項）が、本法においては、先に元本たる補助金等の額に充当することとしている。したがって、一部でも納付されれば、それだけ加算金が付される元本が少なくなるのである（施行令第一〇条第二項）。

(2) 延滞金は返還を命ぜられた補助金等を納期日までに納付しない場合に付される

補助金等の返還を命ずる場合には、各省各庁の長がその返還の期限を定めて行うものであることは前述したが、その納期日までにこれが返還されない場合には遅延利息を徴収すべきことは、当然のことであろう。本法は、このような場合には遅延利息に違約的な意味を加えて延滞金を徴するものとして、その第一九条第二項に「補助金等の返還を命ぜられ、これを納期日までに納付しなかったときは、政令で定めるところにより、納期日の翌日から納付の日までの日数に応じ、その未納付額につき年一〇・九五パーセントの割合で計算した延滞金を国に納付しなければならない」と規定している。ここで未納付額とは、返還を命ぜられた補助金等の一部を納付した場合においては既納額を控除した額をいうのである（施行令第一一条）。また、加算金の場合と同様に相手方の利益を考慮し、一部の額が納付された場合においては、元本たる補助金等の額から充当されることになっている。

なお、前述の説明から明らかなように、加算金と延滞金とはその性格を異にするものであるから、加算金が付されるべき補助金等の返還金を、納期日までに納付しなかった場合には、当該納期日以後は、延滞金も付されることとなり、したがってこの場合には、加算金及び延滞金の両方が付されることに注意すべきである。

(3)　加算金、延滞金の免除も可能である

補助金等の返還について期限の延長及び返還命令の取消の措置が認められているのと同様の理由で、加算金及び延滞金についても、その全部又は一部の免除を必要とする場合があると考えられるので、第一九条第三項において、「やむを得ない事情があると認めるときは、政令で定めるところにより、加算金又は延滞金の全部又は一部を免除することができる」こととされている（この規定も、財政法第八条の規定の「法律」であることはいうまでもない）。そして、この免除に関する手続については、すべて、補助金等の返還の延長等に関する手続が準用されることとされている（施行令第一二条）。

(4)　間接補助金等の場合

補助金等適正化法は加算金及び延滞金については、補助事業者等に対するもののみ規定している。補助金等適正化法は、前述したとおり原則的には国と補助事業者等との関係を規制し、補助事業者等を通じて当該補助事業者等が交付を受けた補助金等の交付の目的に従って、これを財源としてさらに交付する間接補助金等の対象となる間接補助事業者等については、国は直接にこれを規制しないことになっている。

その理由は、国は補助事業者等に対して、公金である補助金等を交付して特定の事業を行わしめる適格性を認めている以上、さらに補助事業者等がその財源になっている補助金等の交付の目的を実現するかどうかの担保につい

ては、国が当該補助事業者等に対して行う補助金等の交付の決定の際に補助金等の交付の条件として、間接補助事業等の段階における間接補助金等の使用を規制する方途をとらざるをえないものだからである。

また、補助事業者等における違反行為と間接補助事業者等における違反行為とは、補助金等の交付行政庁からみればいずれも非難すべき事態であるが、これらの事態に対して補助金等適正化法は国と補助事業者等との信任関係を規制することを目的としているので、その信任関係によって当該補助事業者等の間接補助事業者等に対する十分な監視、監督を期待し、これに応じて補助事業者等における善良な管理者の注意義務を基準とした当該補助事業等の遂行を求め、その不履行に対して補助金等適正化法第一七条の取消処分を行い、これに従って補助金等の返還を命じ、義務違反により加算金を課することとしているのである。

このような義務違反が起こらないように補助事業者等において、間接補助金等の交付の際当該間接補助事業者等の適正な遂行を確保するための条件を付すとともに間接補助事業者等が補助事業者等の当該事業遂行上の指示、監督に反した場合の措置を定めておくべきである。

具体的には、都道府県が市町村に対して、間接補助金等を交付する場合の手続その他の条件を条例又は規則で定め、これに従って間接補助事業等が適正に行われるようにすべきであり、違反行為がある場合にそなえて、これに対する処分も同様に定めておく必要がある。

返還を命じた補助金等あるいは納付を命じた加算金及び延滞金を補助事業者等が、納付しない場合には、何等かの方法によって、その返還あるいは納付を確実にする措置を講ずるべきものであろう。行政措置によっても、ある程度はその目的を達成し得るであろう。すなわち、たとえばこれらの者は、当分の間、補助金等の交付の対象としないというような方法もとれないことはないが、これは義務的な補助金等については行い得ないという問題がある。そこで本法は、「他の補助金等の一時停止」、「他の補助金等との相殺」および「強制徴収」の三つの方法を講じ得ることとしている。

第三節　他の補助金等の一時停止等

一　他の補助金等の一時停止及び相殺

本法第二〇条は、補助金等の返還を命ぜられた補助事業者等が、当該補助金等並びにこれに付された加算金及び延滞金の全部又は一部を納付しない場合には、「その者に対して、同種の事務又は事業について交付すべき補助金等があるときは、相当の限度においてその交付を一時停止し、又は当該補助金等と未納付額とを相殺することができる」こととしている。ここで「一時停止」とは、交付すべき補助金等の交付を一時的に停止し、それによって、未納付額の納付をうながすものであり、「相殺」とは、相手方に交付すべき補助金等を相手方に交付するかわりに未納付額に充当し、相手方に補助金等を交付したと同一の効果を生じさせる法律行為である。これらの措置は、きわめて特別な措置である関係上「同種」及び「相当の限度」という制限が付されている。これらの制限はきわめて抽象的であってその解釈はすべて運用にまかされているところでもある。まず「相当の限度」では、同額でなくてもよいことはいうまでもないが、一般的な基準を特に設けるよりも、具体的な事例に応じて、非常識にわたらない限度で個々に判断すべきものと考えられ、相殺は当然同額についてのみ行い得るものであるから、この制限は一時停止についてのみ必要な事項である。次に「同種」とは一般には「同じ種類」という意味と考えられるが、各省の間でできる限り統一的に行われるべきものであるので、中央連絡会議において「同種の事務又は事業」とは、原則として、各省の同一局が取り扱う補助金等の対象となる同一補助事業者等の行う事務又は事業とすることとされている（「補助金等適正化法の「軽微な変更」及び「同種」の基準」の二。基本通達17参照）。

なお、「相殺」に伴う具体的な処理については、支出官事務規程（昭和二二年大蔵省令第九四号）第七条等及び歳入徴収官事務規程（昭和二七年大蔵省令第一四一号）第一二条第三項に手続が定められている。

二　強制徴収

本法第二一条は、返還を命じた補助金等及びこれに係る加算金若しくは延滞金の徴収につき、「国税滞納処分の例」によることができることとされている。一般の私法上の債権と同様に、司法機関による履行の強制により返還請求権を充足するのでは、迅速かつ確実な債権の回収が期し難いため国損防止の観点から、最終的には債権者たる国が自ら執行できることとしたものである。

すなわち、この徴収については、国税徴収法（昭和三四年法律第一四七号）第五章（第四七条〜第一四七条）の規定の例により強制的に徴収することができるのである。また、その場合の先取特権の順位は、国税及び地方税に次ぎ他の公課に先だつものとされている。これは、前記の金銭が公法的な性格を有するものであることからとられている徴収方法であり、他の行政諸法規にも見られる通常の規定である。

第四節　財産処分の制限

一　財産処分制限の意義

本法においては、補助金等及び間接補助金等が国の所期する事務又は事業に効果的に使用されるように諸種の規定を設けているところである。しかしながら、補助金等及び間接補助金等が、一応目的どおりに消費された後、すなわち、補助金等がその交付の決定どおりに使用された後において、その補助金等により形成された財産、すなわち、その補助金等によって取得し、あるいは効用の増加した財産に対してなんらの規制が及ばないことにより、これらの財産が、補助金等の交付の目的に反して処分されることとなっては、補助金等の交付の本来の目的は達成し得ず、折角の本法の諸種の規定もその存在意義を失う結果となる。このような見地から、本法は、特に第二二条に「財産の処分の制限」に関する規定を設け、補助金等により形成された財産の処分について一定の規制を行い、もって補助金等の交付の目的が完全に達成されるよう特に配慮されている。

二　処分制限財産

財産処分の制限に関する規定の適用を受ける財産は、本法第二二条から明らかなように「補助事業等により取得し、又は効用の増加した政令で定める財産」すなわち、補助金等により施設を新築し、あるいは購入した財産及び補助金等により施設を増改築し、あるいは修理修繕等を行った財産等をいう。本条が設けられた趣旨が補助目的の完全な達成にあることを勘案して、補助事業等により取得し、あるいは効用の増加したすべての財産をその対象とすることが理想ではあるかもしれないが、手続上の煩雑等からみて、その規制は当然一定の範囲のものに限られるべきであろう。その範囲は、一般的には金額の多寡によって決定すべきものであろうが、補助目的の達成上重要性をもつものについては、その金額の多寡に関係なく、本条による制限の対象とすべきものといえる。そこでその範囲については政令で定めることとし、具体的には施行令第一三条により、次のように定められている。

①　不動産

②　船舶、航空機、浮標、浮さん橋及び浮ドック

③　前二号に掲げるものの従物

④　機械及び重要な器具で、各省各庁の長が定めるもの

⑤　その他各省各庁の長が補助金等の交付の目的を達成するため特に必要があると認めて定めるもの

前記の財産の範囲から明らかなように、①～④は、一般的に一定の金額の費用を要するものが指定されているが、⑤に該当するものは、必ずしも金額の多寡には関係がないものであるということができる。そして、前記④により各省各庁の長が定める機械及び重要な器具の範囲については、中央連絡会議において原則として五〇万円以上

の財産とされている（「補助金等適正化法第二十二条の規定に基づく同法施行令第十三条第四号により各省各庁の長が定める機械及び重要な器具の範囲について」（昭四六、五、一二蔵計一六一八号。基本通達19参照）。

なお、ここで処分制限財産といわゆる残存物件との関係等について簡単にふれておく。

「残存物件」とは補助事業等が完了した場合において、当該補助事業等の遂行の手段として用いられた機械、器具、仮設物等で残存しているもの及び残材料をいい、例えば土木工事に使用したトラクター等の機械あるいは型枠などがこれにあたる。これらの「残存物件」は本法第二二条の適用の対象となるかどうかということが問題となるが、残存物件も補助事業等により取得した財産である以上、形式的には処分制限すべき財産に含まれうるものといえよう。しかし本法第二二条の規定は、「交付の目的に反して」使用する等の処分行為を禁止しているものであり、これらの残存物件を同種の他の補助事業等に継続して使用することは、当初から予定されているものである限り、これを禁止する必要は全く認められないところであり、実質的には処分制限すべき財産にあたらないものといえるであろう。したがって一般的には、補助事業等の遂行のための手段として用いられる機械、器具については、補助金等の交付の対象としては、その償却費のみとし、材料費については、当該事業に使用された材料のみをその対象とすれば残存物件の処分という問題は生じない。しかしながら、現在における実際の取扱いにおいては、残材料については一般に精算によって処理されているが、手段として用いられる機械、器具の購入費については、全額補助金等の計算の基礎としている場合が多々あるため、これらの継続的使用を確保するための措置をあらかじめ講じておく必要があるわけである。残存物件を継続使用しない場合には、既に補助金等の額は確定し、補助関係は終了していることから、残存物件の残存価額に国の補助率を乗じたものを国に納付することとしている。このため、中央連絡会議においても「残存物件の処理につき必要な条件を附すること」と定め（「補助条件の整備に関する暫定措置（第二次分）について」の二、基本通達14参照）、これらの処理方式については条件によって必要な措置をすべきものとしているのである。

「発生物件」とは、補助事業等の遂行により付随的に発生した物件をいい、例えば橋梁架換事業における旧橋の廃材等がこれにあたる。発生物件は補助事業等の施工過程で発生するものであることから、再使用可能なものは工事設計書に無代価で計上し、再使用が不可能ないし可能であっても再使用しないものについては、その評価額又は売却額を補助基本額から控除することとなる。

三　処分制限の内容

財産処分の制限の内容は、本法第二二条から明らかなように「補助金等の交付の目的に反して使用し、譲渡し、交換し、貸し付け、又は担保に供」することである。すなわち、補助金等の交付の目的に反しない限りは、如何なる処分も自由なわけであり、補助金等の交付の決定の際ある種の処分がその内容となっていれば、これに基づく処分は、目的に反した処分とはならないわけである。ただ、この交付の目的に反する処分であっても、次の二つの場合には、これが許されることとなっている。

その一は、「各省各庁の長の承認を受けた場合」である。なお、この承認も行政行為であるから補助金等の交付の決定の場合と同じく、必要な条件を付することができる。たとえば、「補助金等の一部に相当する金額を納付すること」等の条件が付されることが考えられるであろう。

その二は、「政令で定める場合」である。これについては、施行令第一四条第一項により、次のとおり定められている。

① 補助事業者等が法第七条第二項の規定による条件に基づき補助金等の全部に相当する金額を国に納付した場合（施行令第一四条第一項第一号）

② 補助金等の交付の目的及び当該財産の耐用年数を勘案して各省各庁の長が定める期間を経過した場合（施行令第一四条第一項第二号）

①の場合は、補助金等相当額の収益納付がなされれば、財産取得は結果的に補助事業者等の自己負担においてなされたこととなるから、また、②の場合は、一定の耐用年数を経過すれば、もはや当該財産はその使用価値のすべてを消耗したものとみるべきであるから、それぞれ、補助事業者等において自由に処分することを認めているのである。なお、②の期間を定める場合には、同条第二項により、財務大臣に協議すべきこととされている。なお、この耐用年数の基準については、中央連絡会議において減価償却資産の耐用年数等に関する省令（昭和四〇年大蔵省令第一五号）で定めている耐用年数を基礎として定めることとされている（「補助金等適正化法第二十二条の規定に基づく同法施行令第十四条第一項第二号により各省各庁の長が定める期間について」（昭四六、五、一二蔵計一六一八号。基本通達20参照））。

補助金等適正化法第二二条の「財産の処分の制限」は、補助事業者等に対する規制であって、間接補助事業者等については規制の対象とされていない。

しかし、補助目的を達成するために必要がある場合には、間接補助事業者等であっても、補助金等適正化法第二二条の制限と実質的に同一の規制、すなわち間接補助金等によって取得した財産を間接補助金等の交付の目的に反して使用し、譲渡し、交換し、貸し付け、又は担保に供することを制限すべきである。

このため、補助事業者等が間接補助事業者に間接補助金等の交付決定を行う際に、「間接補助事業等により取得し、又は効用の増加する財産の処分については、補助事業者等の承認を受けるべき」旨の間接補助条件を付さなければならないという補助条件を付すことが必要である。

中央連絡会議においても、基本通達14「補助条件の整備に関する暫定措置（第二次分）について」の五によって、このような条件を付すべきことを定めている。

四　財産処分手続の簡素化、弾力化

人口減少等社会経済情勢の変化や地方分権、地域再生等の政策課題への対応から、これまで、補助金等の交付目的の達成とのバランスを図りつつ、財産処分手続の簡素化や弾力化が行われてきている。

「地方分権推進計画」（平成一〇年五月二九日閣議決定。基本通達6参照）においては「補助対象資産である施設に係る行政需要が設置当時から変化したような場合において、一定期間経過後において地方公共団体が住民のニーズに応じて他の公共施設・公用施設への転用が実施できるよう、制度・運用の大幅な弾力化・簡素化を図ることとする」とし、転用を承認する際の要件・条件については必要最小限にすること、補助金等適正化法施行令第一四条に基づく処分制限期間を短縮すべく見直しをすること、他の公共施設・公用施設へ転用しようとする場合には国の個別承認に代えて届出制とすることを措置することとしている。

また、「地域再生基本方針」（平成一七年四月二二日閣議決定。基本通達9参照）においては「補助対象財産を有効に活用した地域再生を支援するため、社会経済情勢の変化等に伴い需要の著しく減少している補助対象財産の転用を弾力的に認めるとともに、手続を簡素合理化することとし、地域再生法第二十二条により、認定地域再生計画に基づき、補助対象財産を補助金等の交付の目的以外の目的に使用し、譲渡し、交換し、貸し付け、又は担保に供する場合においては、地域再生計画の認定を受けたことをもって、補助金等適正化法第二十二条に規定する各省各庁の長の承認を受けたものとみなすこととする。その際、補助金相当額の国庫納付を原則として求めないこととし、転用後の主体にかかわらず転用を認める」としている。

これらの段階的、部分的な財産処分手続の簡素化、弾力化の措置を経て、中央連絡会議においても、「補助金等適正化法第二十二条の規定に基づく各省各庁の長の承認について」（平二〇、四、一〇財計一〇八七号。以下「処分通達」という。基本通達21参照）の内容が決定された。これにより、本法第二二条の規定に基づく各省各庁の長の承認についての一般的基準が示されることとなった。処分通達の対象となる財産処分は、直接的には地方公共団体が行う財産処分であるが、「地方公共団体以外の者の補助対象財産についても、下記の趣旨を踏まえて、適切に対処すること」が各省各庁に要請されており、その意味で前述の簡素化等措置よりも一段と簡素化、弾力化を進めたものであるといえるであろう。ただし、簡素化、弾力化を促進するとはいえ、国民の貴重な税金で賄われる補助金等により取得された財産の処分であることからすれば、無目的の財産処分や取得後即座に他の目的に転用するなどといった処分まで無制限に承認を与えることは適当ではない。そこで、処分通達においては、処分目的について「急速な少子高齢化の進展、産業構造の変化等の社会経済情勢の変化に対応するため、又既存ストックを効率的に活用した地域活性化を図るため」という基準を示したうえで「概ね十年経過した補助対象財産については、補助目的を達成したものとみなす」として、これら要件を満たす処分の簡素化、弾力化を図りつつ、補助金等が交付される事務又は事業の本来の目的を損なうような承認までは認めていないことに留意する必要があろう。

また、処分通達においては、承認手続の簡素化も図られており、補助目的を達成したとみなされる補助対象財産の処分の承認については、①原則、各省各庁の長への報告をもって承認があったものとみなす制度の導入、②承認条件による用途や譲渡先について差別的な取扱いの禁止、③承認条件により国庫納付を求めることの禁止を各省各庁に要請している。ここで、注意を要するのは、③の国庫納付条件の禁止であろう。地方公共団体が行う前記の要件を満たす財産処分については国庫納付を求める必要は一般的にはないが（それぞれの補助事業の目的等、個別事情に照らして国庫納付条件が必要となる場合はあろうが）、当該処分が有償の譲渡・貸付の場合に当該譲渡対価等を全て補助事業者等に帰属させることは、補助対象財産の取得のための資金の淵源、補助事業に係る収益の納付を補助条件とすることができるとした本法の趣旨等に照らして、不適当な場合があることは自明であり、有償譲渡等の場合には国庫納付を求めることがむしろ合理的と考えられる場合が多いと思われる。このような有償譲渡等の場合を想定して、処分通達においては、「有償の譲渡・貸付の場合に国庫納付を求めること……など、必要最小限の条件を付することができるものとする」としているのである。

なお、処分通達の内容は、概括的かつ一般的な基準として中央連絡会議において決定されたものであり、個別具体の処分の承認については、「各省各庁は、補助対象財産の財産処分の承認基準をできるだけ具体的で分かりやすい形で定めるとともに、地方公共団体及び地方支分部局に対する周知・情報提供を確実に実施すること」として、各省各庁における補助事業に応じた承認基準の策定、関係者への周知を要請しており、各省各庁において具体的承認基準が策定されているところである。

以上、補助対象財産の財産処分の承認について若干の解説を加えたが、最も重要な点は、補助金等が国民の貴重な税金で賄われていることから導かれる補助対象財産の適正な管理と当該補助金等により取得された財産の有効活用という相反する命題を如何に調和させるかという点であり、各省各庁においては、所管する補助金等の対象となる事務又は事業の目的等に照らして承認主体としての説明責任を十分に果たしうるものであるか、補助目的等からみて支障がないにも関わらず承認を与えないなど行き過ぎた制限になっていないかなど多角的検証を十分に行ったうえで適切な対応を行うことが求められていると言えよう。

第五節　立入検査等、不当干渉の防止、理由の提示等、不服の申出及び事務の委任

一　立入検査、報告命令等

補助事業等の遂行状況の報告に関しては、本法第一二条により規定されていることは前述したとおりである。しかしながら、補助事業等の遂行に際しては、状況報告のほかに、補助事業者等あるいは間接補助事業等から随時報告を徴し、あるいは、立入検査等を行う必要がある場合も考えられるので、本法第二三条はこれにつき、「補助金等に係る予算の執行の適正を期するため必要があるとき」に限り、「補助事業者等若しくは間接補助事業者等に対

して報告をさせ、又は当該職員にその事務所、事業場等に立ち入り、帳簿書類その他の物件を検査させ、若しくは関係者に質問させることができる」（第二三条第一項）と規定している。これらは強制的な措置であり、これらを拒んだ場合は、後述のように罰則の対象となるものとされているため、「身分を示す証票」を携帯しなければならず、「関係者の要求があるときは、これを提示しなければならない」（第二三条第二項）ものとされている。なお、この証票の書式については、補助金等に係る予算の執行の適正化に関する法律第二十三条第二項の証票の書式を定める省令（昭和三一年大蔵省令第三五号。二一七頁参照）により定められており、その発行権者については、後述する事務委任が行われた場合においても、各省各庁の長であると解されている。また、憲法第三五条の住居の不可侵に関する規定との関係で他の法律における立入検査等に関する規定と同様に、この権限は「犯罪捜査のために認められたものと解してはならない」ことが明確に規定されている（第二三条第三項）。

補助金等の額の確定がなされた後における立入検査については、補助金等予算の執行の事務は、補助金等の額の確定により、その精算が行われることにより一応終了することになることから補助金等の額の確定後の「立入検査等」はあり得ないという考え方もあり得る。しかしながら、補助金等適正化法第一七条第三項においては、「前の二項の規定は、補助金等について交付すべき補助金等の額の確定があった後においても適用があるものとする。」と規定され、補助金等の額の確定後においても決定の取消しがあり得ることとされている趣旨からして、補助金等の額が確定された後においても、「立入検査等」が予算執行の面からその必要が生ずる場合があり得るものと思われる。例えば、確定後において、それが偽りの実績報告書等によって国が判断を誤って確定行為をしたのではないかということが何らかの理由で判明した場合などが考えられる。

しかし、この「立入検査等」は、強制権が付与されているので補助事業者等及び間接補助事業者等はこれを拒むことはできない関係上から、その執行については十分慎重を期して行わなければならない。

二　不当干渉の防止

本法には、補助金等に係る予算の執行の適正化を図るため各種の強制規定も存するのであるから、その運用の如何によっては、単なる取締法と化し、折角の補助金等の交付も、その目的を達し得ない結果とならないとも限らない。それでは、本法の意図する補助金等の公正、かつ、効率的な使用とは遠く離れることとなる。そこで本法は、このような行き過ぎを防止するため、特に、第二四条において、「補助金等の交付に関する事務その他補助金等に係る予算の執行に関する事務に従事する国又は都道府県の職員は、当該事務を不当に遅延させ、又は補助金等の交付の目的を達成するため必要な限度をこえて不当に補助事業者若しくは間接補助事業者等に対して干渉してはならない」と規定し、本法の円滑な運用を図るよう配慮しているところである。なお、都道府県の職員が国の職員とならんで規定されている趣旨は後述するように、本法第二六条第二項の規定により補助金等の交付に関する事務の一部を都道府県が行うこととすることができるとされているからである。

三　理由の提示等

本来の規定に基づき、交付行政庁が行う補助金等の交付決定の取消、事業遂行命令、一時停止命令又は是正命令は、補助事業者等からすれば、直接に義務が課され、又はその権利を制限されることとなる。このため、これらの処分等を行うにあたっては、本法第二一条の二において「当該補助事業者等に対してその理由を示さなければならない。」と定められているところである。

理由を提示するにあたっては、規定上明文されていないが、書面において示すこととすべきであり、時期については、処分と同時に行うべきものと解される。

また、提示する内容や程度についても、何ら規定はないが、当該処分の根拠規定、処分要件に該当する原因となる事実関係を、当該処分の名宛人となる補助事業者等が十分理解しうる程度に詳細かつ具体的に示さなければならない。

もし、理由の提示に瑕疵があった場合については、原則として処分そのものが取消の事由となると解される。理由の提示の瑕疵には、理由が不十分である場合のほか、理由がまったく示されない場合も含まれ、後者の場合は、処分そのものが無効となるものと解される。

なお、本条は行政手続法（平成五年法律第八八号）と同時に制定された行政手続法の施行に伴う関係法律の整備に関する法律（平成五年第八九号）により規定の追加が行われ、行政手続法の第一四条（不利益処分の理由の提示）に相当する規定となっている。一般法たる行政手続法に対し、本法が、特定の行政分野について独自の手続形態が形成されているものと整理されることから、あわせて本法第二四条の二が追加され、行政手続法の規定の一部については、適用を除外することとされているところである。

四　不服の申出

補助金等に係る各種の処分に対する不服については、これが補助金等に関するものであるという特殊な性格から、これに適した解決方法を考慮すべきものであることはいうまでもないであろう。このような趣旨から、本法は、制定時から地方公共団体（港務局を含む。）の各省各庁の長に対する不服の申立てを認めていた。国民に対して広く行政庁に対する不服申立ての道を開くことにより、国民の権利利益の救済を図るという趣旨で行政不服審査法（昭和三七年法律第一六〇号）が制定されるに際し、地方公共団体がその固有の資格で処分の相手方となる場合には、同法の対象とはならないが、本法第二五条ではこれも含めている等の理由により、行政不服審査法の特例規定として在続させることとし、その円滑、かつ、適切な処理を図ることとしている。

(1)　地方公共団体の不服の申出は本法による

前述のように本法は、補助金等に係る各種の処分に対する地方公共団体の不服の処理について行政不服審査法の特例を定めているものであるから、地方公共団体が補助金等に係る各種の処分について不服がある場合には、本法第二五条の規定に基づき不服の申出を行うこととなるのであって、行政不服審査法の規定に基づきこれを行うものではない。本法が地方公共団体のみに不服の申出を認めているのは、地方公共団体は、当該団体の管轄区域における一般的な行政権の主体であり、広く抗告の機会を与える方がより補助金行政を円滑にすることとなると考えられたからである。不服の申出ができるのは、本法第二五条第一項の規定から明らかなように、補助金等の交付の決定、補助金等の交付の決定の取消、補助金等の返還の命令その他補助金等の交付に関する各省各庁の長の処分に対して不服がある場合である。次に、不服の申出の手続については、本法施行令第一五条により、不服の申出に係る処分の通知を受けた日（処分について通知がない場合は処分があったことを知った日）から原則として三〇日以内に当該処分の内容、処分を受けた年月日及び不服の理由を記載した不服申出書に参考となるべき書類を添えて、これを当該処分をした各省各庁の長に提出すべきこと等が定められている。これらの不服の申出を受けた処分庁は、申出者に意見を述べる機会を与えた上、必要な措置をとり、その旨を申出者に通知しなければならない（本法第二五条第二項）。必要な措置とは、不服申立の理由なしとして棄却し、あるいは、理由ありと認めて当初の交付決定を取り消すなどの裁決を行うことを意味するが、これらの措置に不服のある者は、更に内閣に対して意見を申し出ることができることとされている（同条第三項）。なお、この申出については、その後の処理手続の規定がないが、これは、内閣というものが直接の執行機関でないことによるものであって、内閣において当該意見に基づきなんらかの措置を必要と認めた場合には、その内閣の決定に基づき、執行機関である各省各庁の長が具体的な措置を行うこととなるのである。（なお、地方財政法第二〇条の二には「国の支出金の算定、支出時期、支出金の交付条件、指示その他の行為について不服のある地方公共団体は、総務大臣を経由して内閣に対して意見を申し出、又は内閣を経由して国会に意見書を提出することができる。内閣は意見書を受け取ったときは、その意見を添えて、遅滞なく、国会に提出しなければならない。」とされている。）

(2)　その他の不服の申立ては行政不服審査法による

行政庁の処分に対しては、行政不服審査法により、一般的に不服の申立てができる（同法第四条）ものであるから、地方公共団体以外の補助事業者等であっても、補助金等に係る各種の処分に対して不服がある場合には、同法に基づき、不服の申立てができるものであることはいうまでもない。

(3) 不服申立ての教示はどうすべきか

補助金等に係る処分に関する行政不服審査法による教示については、まず、公共団体以外の者に対するものについては、同法により教示をしなければならない。公共団体に対するものについては、公共団体固有の資格として補助等の対象となるものでないことが明らかである場合を除き、同法第七条第二項に規定する「固有の資格」にあたるものと認められるので、教示を行う必要はないものと解されている。（地方公共団体固有の資格とは、「一般私人が立ちえないような立場にあるような状態」を意味し、例えば地方債の許可を受ける場合が該当する。）

また、行政事件訴訟法（昭和三七年法律第一三九号）によれば、法律において特に規定されている場合を除き、訴願前置主義はとられていないので、補助金等に係る各種の処分に対して不服のある者は、不服の申立て（本法第二五条に基づく不服の申出も当然含まれる。）をなさずに直接訴訟を提起することもできる。なお、平成一六年の改正により、行政事件訴訟法においても教示制度が設けられたことに留意する必要がある。

五　補助金等の交付に関する事務の委任

補助金等はきわめて多額であり、その種類もきわめて多種多様であって、その事務量もきわめて多量であることはいうまでもないが、その上補助事業等は、全国各地で行われるものである関係から、これらに関する事務をすべて国が直接処理することは、ほとんど不可能ということができる。本法の施行前においても、このような見地から、事務処理の合理化、能率化を図るため、むしろ国の地方支分部局又は地方公共団体に処理させた方が適当な事務については、その処理を委任して行わせていたところである。本法においても、その趣旨を踏襲し、本法第二六条第一項において「補助金等の交付に関する事務の一部を各省各庁の機関に委任することができる」こととされ、同条第二項において「補助金等の交付に関する事務の一部を都道府県が行うこととすることができる」こととされている。

(1) 各省各庁の機関への事務の委任（第二六条第一項）

各省各庁の機関への事務の委任（独立行政法人等の場合の当該独立行政法人等の機関への事務の委任）の範囲及び手続に関しては、施行令第一六条により、次のように定められている。

① 委任することができる事務の範囲は、補助金等の交付の申請の受理、交付の決定及びその取消し、補助事業等の実績報告の受理、補助金等の額の確定、補助金等の返還に関する処分その他補助事業等の監督に関する事務の一部である。補助金等の交付に関する事務のすべてを委任することは認められていない。

② 補助金等の交付に関する事務の一部を各省各庁の地方支分部局に委任しようとする場合には、その補助金等の名称、事務委任の内容及び機関について、あらかじめ財務大臣に協議しなければならない（独立行政法人等の場合には、主務大臣の承認が必要であり、主務大臣がその承認をしようとするときに財務大臣に協議することとなる。）。

③ 補助金等の交付に関する事務の一部を委任したときは、直ちにその内容を公示しなければならない。これは、委任があれば、その委任された事務はすべて受任者が行うこととなるので、補助事業者等及び間接補助事業者等に、すみやかに知らせる必要があるからである。

(2)　**都道府県が行うこととすることができる事務（第二六条第二項）**

都道府県が行うこととすることができる事務の範囲及び手続に関しては、施行令第一七条により、次のように定められている。

①　行うこととすることができる事務の範囲は、各省各庁の機関への委任と同様である。なお、その相手方は都道府県の知事及び教育委員会（以下「知事等」という。）とされている。

②　補助金等の交付に関する事務の一部を知事等が行うこととする場合には、各省各庁の長は、その補助金等の名称を明らかにして財務大臣に協議しなければならない。さらに補助金等の名称及び知事等が行うこととなる事務の内容を明らかにして、知事等が当該事務を行うことを都道府県の知事に同意を求めなければならない。また、同意を求められた都道府県の知事は、同意をするかしないかを決定し、その旨を各省各庁の長に通知することとなる。

③　補助金等の交付に関する事務の一部を知事等が行うこととなったときは、各省各庁の機関への委任と同様に、直ちにその内容を公示しなければならない。

④　都道府県が行うこととした事務を知事等が行った場合には、知事等は各省各庁の長に対し、事務を行った旨及びその内容を報告することとなる。また、当該事務に係る各省各庁の長に関する規定は、知事等に関する規定として知事等に適用がある。

なお、補助金等の交付に関する事務の一部を都道府県が行うこととすることについては、地方分権の推進を図るための関係法律の整備等に関する法律（平成一一年法律第八七号）による改正により、国の事務を国の機関としての都道府県に委任を行う（機関委任事務）のではなく、法律又はこれに基づく政令により都道府県が処理することとされた事務のうち、国が本来果たすべき役割に係るものであって、国においてその適正な処理を特に確保する必要があるものとの整理がなされ、本法第二六条第三項において法定受託事務である旨が確認的に定められた。また、法定受託事務は機関委任事務と異なり、国の事務ではなく、地方公共団体の事務であるから、知事等を下級行政庁として指揮監督することは認められていない。ただし、本法第二三条の規定に基づく立入検査等については、各省各庁の長も自らその職権を行使し得ることとされている（施行令第一八条）。

六　行政手続等のオンライン化

⑴　我が国の行政手続等のオンライン化の取組と本法の改正経緯

我が国のデジタル・ガバメントの取組としては、国の行政機関、地方公共団体、独立行政法人等の行政手続等に関して、行政手続等における情報通信の技術の利用に関する法律（平成一四年法律第一五一号。以下「行政手続オンライン化法」という。）が制定され、行政手続等のオンライン化が進められてきた。

他方、行政手続等のオンライン化が進められる中で、利便性の低いシステムを構築したことによる利用率の伸び悩み等の問題が顕在化したことから、行政手続オンライン化法を改正し、情報通信技術を活用した行政の推進等に関する法律（以下「デジタル手続法」という。）を制定することにより、利用者中心のデジタル・ガバメントを実現し、社会全体のデジタル化を目指す取組を進めることとしている。

本法においては、行政手続オンライン化法の趣旨を踏襲し、一方で本法が特定の行政分野について独自の手続形態を形成していることから、平成一四年に行政手続等における情報通信の技術の利用に関する法律の施行に伴う関係法律の整備に関する法律（平成一四年法律第一五二号）において、電子情報処理組織による申請及び処分通知等について行政手続オンライン化法の適用を除外（旧第二六条の二）し、独自に電磁的記録による作成の規定（旧第二六条の三）及び電磁的方法による提出の規定（旧第二六条の四）を設けることとされた。

行政手続オンライン化法を改正したデジタル手続法は、個別法に独自のオンライン化規定が存在する手続等についてデジタル手続法を適用しないこととした。よって、個別法たる本法においてデジタル手続法の適用除外規定を設けることは不要になったことから、旧第二六条の二を削除し、旧第二六条の三及び旧第二六条の四をそれぞれ一条ずつ繰り上げることとされた。

(2)　電磁的記録による作成（第二六条の二）の方式及び電磁的方法による提出（第二六条の三）の方法は各省各庁の長が定めるものとされている

本法又は本法に基づく命令の規定により作成することとされている申請書等及びその申請書等の提出については、本法第二六条の二において電磁的記録により作成することができるとされており、本法第二六条の三第一項においてその電磁的記録の提出について電磁的方法をもって行うことができるとされている。ただし、その電磁的記録による作成の方式及び電磁的方法による提出の方法については、他の補助金等に係る事務と同様に「各省各庁の長が定める」とされている。

なお、交付申請の効力発生の時期については、本法第二六条の三第二項において「電子計算機に備えられたファイルへの記録がされた時に当該提出を受けるべき者に到達したものとみなす」こととされている。

第五章　罰　　則

本法が、補助金等の不正な使用等の防止を図るため、これらの違反に対して刑事罰をもって臨むこととされた所以については、先に説明を加えたところであるが、その罰則については第六章第二九条以下に必要な規定がなされている。

以下、その内容について簡単に説明する。

一　不正手段による補助金等の受給に対する罰則

本法においては、「偽りその他不正の手段により補助金等の交付を受け、又は間接補助金等の交付若しくは融通を受けた者は、五年以下の懲役若しくは百万円以下の罰金に処し、又はこれを併科する」こととされており、更に、これらの「情を知って交付又は融通をした者」についても同様の罰則が科されることとなっている（第二九条）。

⑴　「偽りその他不正の手段」とはどのようなことか

まず、「偽りその他不正の手段」とは、不当に補助金等又は間接補助金等の交付を受ける原因となった手段で不正なものを総称する概念であって、類似した表現は、例えば税法の脱税犯の規定（「偽りその他不正の行為」所得税法第二三八、二三九条、法人税法第一五九条など）にみられるところである。「偽り」はその例示であって、例えば、架空の工事を真実と称し、災害に便乗してこれと関係のない工事について補助金等を申請し、あるいは事業費を過大に見積って申請するなどの不実の申請は、その代表的な事例といえよう。また、「その他の不正の手段」としては、例えば、交付事務を担当する国の機関に贈賄し、あるいはこれとなれ合って不正を行うというようなものである。そして「偽りその他不正の手段」は、その結果、補助金等又は間接補助金等の交付をする者を欺罔することとなる場合を含むことはいうまでもないが、必ずしもそれのみに限られない。たまたま交付者側が申請書記載の事実に虚偽があることを知った場合もこれに該当するのである。なお不実の申請の方法として公務員（地方公共団体の場合）の虚偽公文書作成、同行使罪（刑法（明治四〇年法律第四五号）第一五六条、第一五八条）が成立し、不正手段として前述のように贈賄罪（刑法第一九八条）が成立することがある。前者と本条第一項の罪（不正受交付罪）とは牽連犯（刑法第五四条第一項後段）であり、後者と本条第一項の罪とは観念的競合（刑法第五四条第一項前段）の関係に立つものといえよう。

また、「偽りその他不正の手段」と「補助金等の交付」または「間接補助金等の交付若しくは融通」との間には、因果関係の存在することが必要であることはいうまでもないが、この場合の因果関係は、刑法における詐欺罪（刑法第二四六条）の場合のように、欺罔行為→錯誤→交付（財産の処分行為）という関係のあることを要件とするものではなく、不正手段→交付という関係で足りるのである。

（注）刑法（抄）

第五十四条〔一個の行為が二個以上の罪名に触れる場合等の処理〕

①一個の行為が二個以上の罪名に触れ、又は犯罪の手段若しくは結果である行為が他の罪名に触れるときは、その最も重い刑により処断する。
②第四十九条第二項の規定は、前項の場合にも、適用する。

第百五十六条〔虚偽公文書作成等〕
公務員が、その職務に関し、行使の目的で、虚偽の文書若しくは図画を作成し、又は文書若しくは図画を変造したときは、印章又は署名の有無により区別して、前二条の例による。

第百五十八条〔偽造公文書行使等〕
①第百五十四条から前条までの文書若しくは図画を行使し、又は前条第一項の電磁的記録を公正証書の原本としての用に供した者は、その文書若しくは図画を偽造し、若しくは変造し、虚偽の文書若しくは図画を作成し、又は不実の記載若しくは記録をさせた者と同一の刑に処する。
②前項の罪の未遂は、罰する。

第百九十八条〔贈賄〕
第百九十七条から第百九十七条の四までに規定する賄賂を供与し、又はその申込み若しくは約束をした者は、三年以下の懲役又は二百五十万円以下の罰金に処する。

⑵「補助金等の交付を受け」、「間接補助金等の交付若しくは融通を受け」とは、補助金等又は間接補助金等を現実に受領することである

「補助金等の交付を受け」ということであるが、本条は偽りその他不正の手段を講じ、その結果不当に補助金等の交付を受けること、すなわち、本法が予算の不当支出による国庫の損失を防止しようとするものであるから、いかに不当の手段を講じても、結果において国に損害を与えなかった場合には、本罪を構成しないものと解すべきであろう。したがって、不実の申請の結果、過大に補助金等の交付を受けた場合においても、正当に受領しうべきであった補助金等の額が可分できるものであれば、これ以外の範囲額が、本罪の構成要件である「交付を受けた」額であり、その範囲内について本罪が成立するものと解すべきである。ただし、これが不可分の場合には、全額について本罪が成立するものと解すべきであろう。ここで「交付を受け」とは、補助金等の現実の交付を受けること、すなわち、支出官（会計法第二四条）から小切手を受領することと解すべきである（会計法第一五条）。この現実の交付は、それが概算払であると、精算払であるとを問わないものである。

また、「間接補助金等の交付若しくは融通を受け」についても、前述と同様に、現金又はこれに代わる小切手等の現実の受領をもってその既遂と解すべきことはいうまでもない。

⑶　第二九条第一項と刑法の詐欺罪の規定の競合

次に、本法第二九条第一項の罪（不正受交付罪）と刑法第二四六条の詐欺罪との関係はどうなるかということが問題となる。

欺罔による補助金等の不正受給は、主として国の財政権という国家的法益に対する侵害であって、個人的法益と

しての財産的法益の侵害を主とするものではない。

詐欺等の保護法益については、個人の財産であるとする考え方と財産に加えて財産法的な取引における真実と信義誠実の維持も含まれるとする考え方がある。判例は後者の考え方に立ち、米穀の不正受配（大判昭一八・一二・二等）、酒類の不正買入（最判昭二三、六、九）、銑鉄の不正買付（大判昭一七、二、二）等について詐欺罪の成立を認めている。このような考え方からすれば欺罔による補助金等の不法領得は、「財産の騙取」として詐欺罪を構成するものと解すべきこととなる。これによれば、不正受交付罪が成立し、同時に、詐欺罪にも該当する場合には、法益にも異同はないので、法条競合の問題を生じうる。本法制定当時の国会審議においては、政府委員が不正受交付罪は詐欺罪の特別法にあたるとの見解を示していた。

しかし、その後の法適用事例を見ると、不正受交付罪に関する起訴事例、裁判例及び学説が積み重ねられる中で、同罪は詐欺罪の特別法であるとの見解とは異なる取扱いも見られるところである。

未だ不正受交付罪と詐欺罪の適用関係に関する判例は確立しておらず、個別の法適用事例など、司法当局の動向を注視する必要があると考えられる。

（注一）刑法（抄）

第二百四十六条〔詐欺〕

①人を欺いて財物を交付させた者は、十年以下の懲役に処する。

②前項の方法により、財産上不法の利益を得、又は他人にこれを得させた者も、同項と同様とする。

（注二）補助金適正化法制定時には、大蔵省・法務省ともに、同法第二九条第一項の不正受交付罪は、刑法第二四六条の詐欺罪の特別法に当たると答弁している。

・大蔵省主計局法規課長（衆・大蔵委昭和三〇年七月二六日）

村上（孝）政府委員　ここに書いてございます第二十九条のような事実が起りましたときには、偽わりの手段によって相手を欺罔するということになると、刑法に規定してございます詐欺の要件と同じ要件を具備する場合があるかと存じます。しかしながら、この補助金に関して偽わりの手段によって相手を欺罔したという場合には、この二十九条が特別法になりまして、これが適用される結果になります。

・法務省刑事局長（衆・大蔵委昭和三〇年七月二八日）

井本政府委員「偽りその他不正の手段により」というのは、刑法にかような用語が用いられておるわけでございますが、この第二十九条による場合におきましては、偽わりの手段によって補助金の交付を受けたという場合には、これは現行刑法の第二百四十六条の詐欺罪の特別法というように私は考えております。

（注三）両罪の成立及び適用関係について示している判例及び裁判例としては、以下のものがある。

まず、最高裁においては、補助金適正化法施行前に補助金不正受給の共謀を行い、同法施行後に共謀に基づいて補助金の不正受給を行ったという事案について、補助金適正化法違反の成立を認める一方で、同法施行後も詐欺罪として起訴することも可能であったと解する旨の判示を示している例（最高裁決定（昭和四一年二月三日））がある。

また、両罪の関係を直接的に言及した例としては、地裁判決において、概算払いによって受けた補助金について架空経費を計上する等の方法により不正に返還を免れたという事案について、詐欺罪の成立を認めた上で、補助金適正化法第二九条第一項の罰則規定と刑法の詐欺罪の両者は併存すべきものと解する旨の判示を示した例（徳島地裁判決（平成一五年一月一六日））がある。

⑷　第二九条第一項の未遂は罰せられない

次に、第二九条第一項の罪については、その未遂を罰する規定が存在しないということである。前記のように本条第一項の罪は、詐欺罪の特別罪と解すべきであるから、本条第一項の罪の未遂がたまたま詐欺罪の未遂にあたる場合であっても、これを罰するか否かは、もっぱら本法によって決すべきであり、それに関する規定が存しない以上、このような場合には、当然に詐欺未遂罪として処罰することはできないものと解すべきである。本法が予算の不当支出による国庫の損失を防止しようとするものである趣旨からいっても、現実的な法益侵害の生じた場合のみを処罰すれば十分であると考えられるからである。

⑸　「情を知って交付又は融通」をした者とは支出官に限るものではない

最後に、「情を知って交付又は融通」をしたとはどういう意味であろうか。また、その行為者は誰と解すべきであるかが問題となる。

本法第二九条第二項の罪は、「前項の場合において」と規定されているから、第一項の犯罪が成立する場合において、その相手方として、交付を受ける側が不正手段により補助金等の交付を受けようとする情を知りながら交付等の行為をするときに成立するといえよう。したがって、第一項の犯罪は成立しないが、その申請が不当であることを知りながら補助金等を交付した場合には、本項の犯罪は成立せず、その行為について背任罪等の成否のみが問題となるものと解すべきであろう。

「交付」とは、前述のように現実的な金銭の授受をいうものと解されるから、これをなしうるものは、形式的には会計法上支出官その他支出の事務に従事しているものに限られるようにみられる。しかし、支出官が支出の決定をするについては、当該支出が支出負担行為（財政法第三四条の二第一項）自体に関する法令等に違反しないかどうかを調査する責任はあっても（会計法第一三条の二、第一四条、予算決算及び会計令第三九条の四、第四一条、第四二条、第四四条等）、それ以上に、支出負担行為の内容が違法か、あるいは妥当かということ、補助金等についていえば、その交付の決定の内容が法令及び予算の目的に反しないか、その使用が適正かというような実質的な調査の責任はなく、いわば、形式的な調査の権限を行使すれば足りるのであって、このような実質的な調査の権限の責務は支出負担行為担当官（会計法第一三条第三項）に属するものであるから、第二九条第二項の「情を知って交付」をした者の解釈にあたっては、このような実質的な点に着目する必要があろう。すなわち、行為者はその支出の原因をなす支出負担者行為すなわち、補助金等の交付の決定の処分をするについてこれを左右する地位にあった者が、一般的には第二九条第二項の交付行為の行為者適格をもつものと解すべきである。このように解する場合には、これらの者が補助金等の交付の決定をし、これを原因として現実の補助金等の交付にいたった場合には、「支出官を介して補助金等を交付した」ものと認定されるべきである。「交付」は、支出官のみ可能であり、そのような意味で第二九条第二項は支出官という身分によって構成される犯罪であると解する理由もなく、そう解することは、むしろ本条の趣旨を没却するものと考えられるからである。

間接補助金等の交付または融通についても前記と同様に解すべきであろう。

（注）刑法（抄）

第二百四十七条〔背任〕

他人のためにその事務を処理する者が、自己若しくは第三者の利益を図り又は本人に損害を加える目的で、その任務に背く行為をし、本人に財産上の損害を加えたときは、五年以下の懲役又は五十万円以下の罰金に処する。

二　他用途使用に対する罰則

本法においては、「第十一条の規定に違反して補助金等の他の用途への使用又は間接補助金等の他の用途への使用をした者は、三年以下の懲役若しくは五十万円以下の罰金に処し、又はこれを併科する」こととされている（第三〇条）。

(1)　「他の用途への使用」とは補助金等を他の用途へ現実に支出したことである

「他の用途への使用」とは、本条の規定から明らかなごとく、本法第一一条の規定の違反であり、国の信頼に対する違背行為である。その意義については先に説明を加えたところであるが、その「使用」について更に若干補足しておく。

本法第一一条の規定によって使用とみなされる利子補給金、融通資金の場合を除き、「使用」とは、一般に現実の支出をいうものであると解すべきであろう。したがって、他の用途にあてる意思決定をしても、これに係る補助金等又は間接補助金等を保有することだけでは「使用」とはいえないものと考える。補助金等又は間接補助金等は金銭として特定することはできず、いわば金額として特定されているものと見ざるを得ない。したがって、「他の用途への使用」を認めるためには、金額としての補助金等又は間接補助金等を他の用途へ支出して、確定的に当該金額としてのこれらのものを減少させる意思にでたことが認められる必要があると解する。一時、補助金等又は間接補助金等を他に流用したが、後日埋め合わせるつもりであった場合には、確定的に金額としてのこれらを他の用途に支出して、それを減少させる意思とは認められないであろう。このような中間流用は、いまだ本条の罰則をもってのぞむような国庫の損失が生じたとはいえないものと考えられる。他の用途へ一時流用して、その後、埋合わせの意思を放棄したという場合には、前の支出とこの意思の確定とをあわせて、本条の「他の用途への使用」とみるべきであろう。現実に補助事業等の用途に支出してないのにもかかわらず、支出したとして補助事業等の成果の報告をしている場合には、「他の用途への使用」の一応の推定を受けるであろうし、補助金等の額を他の用途に支出減少せしめながら、補助事業等の用途に支出しているように証ひよう書類を作製している場合には、一般に「他の用途への使用」と認められるであろう。いずれにしても、現実の金銭として特定できないものであるだけに本罪の確定には慎重を要することはいうまでもない。

(2)　第三〇条と第二九条第一項とはどういう関係になるか

次に、本罪と本法第二九条第一項の罪との関係はどうかということが問題となる。すなわち、本法第二九条第一項の犯罪が行われた場合においては、当該犯罪によって不当に受領した補助金等または間接補助金等が他の用途に使用されることも当然に予想されるところであるが、この場合には、例えば窃盗の結果取得した財物を如何に使用しようともそれが別個の犯罪を構成することがないように、第二九条の犯罪によってすでに発生した国損は、不正受領された当該補助金等が如何なる使途に消費されようとも何等増加するわけではない。この意味において第三〇条の違反行為の成立要件を具備するといっても、新たに加えられるべき何等の被害法益はないのであるから、この場合における第三〇条の罪に該当する行為は、第二九条第一項の罪の不可罰的事後行為として、別個の犯罪を構成しないものと解すべきである。

最後に、本罪が補助事業者等又は間接補助事業者等が自ら行う場合に成立することはいうまでもないが、それらの者の従業者等が行う場合には、補助事業者等又は間接補助事業者等の業務に関し、補助金等又は間接補助金等の使用がなされたため、その法的効果において、これらの事業者等が補助金等を他の用途に使用したこととなる場合でなければ、本条の構成要件には該当しないものであって、従業者等が自己の用途に補助金等を消費した場合には、本条の関係するところではなく、刑法の横領罪あるいは業務上横領罪が成立することになるであろう。

（注）刑法（抄）

第二百五十二条〔横領〕

①自己の占有する他人の物を横領した者は、五年以下の懲役に処する。

②自己の物であっても、公務所から保管を命ぜられた場合において、これを横領した者も、前項と同様とする。

第二百五十三条〔業務上横領〕

業務上自己の占有する他人の物を横領した者は、十年以下の懲役に処する。

三　検査忌避、報告義務違反等に対する罰則

本法は、補助金等に係る予算の執行の適正化を図るため、補助事業者等あるいは間接補助事業者等に対して、調査、報告等の義務を課していることはすでに述べたところであるが、これに対する義務違反につき、本法第三一条

においては、次のような罰則を規定している。

すなわち、次の各号の一に該当する場合は、「三万円以下の罰金」に処せられることとなっている。

(1)　第一三条第二項の規定による命令に違反した者（第三一条第一号）

補助事業等が補助金等交付決定の内容若しくは条件に従って遂行されていないと認められる場合は、それらに従って補助事業等を遂行すべきことを命ずることができることとなっているが（本法第一三条第一項）、この命令に違反したときはさらに補助事業者等に対し補助事業等の遂行の一時停止を命ずることができることとされている。本号はこの一時停止命令違反に罰則を科すことにより、補助事業者等に反省の機会を与えるとともに、目的違反の事業が行われることを未然に防止しようとするものである。

(2)　法令に違反して補助事業等の成果を報告しなかった者（第三一条第二号）

補助事業等の成果の報告については、前述したとおり本法は第一四条に規定されているのにかかわらず、ここで「第十四条に違反して」と規定せず、「法令に違反して」と規定したのは、補助事業等の成果の報告は、本法第一四条の規定によるばかりでなく他の補助法令にも同様の規定があるので、本法第四条の規定により、「特別の定」とされた他の法令に基づく成果の報告に係る違反行為についても、本条の罰則が適用できることとしたためである。本号は、これらの成果の報告すなわち実績報告は補助制度の総決算ともいうべき重要性をもつのであることに鑑み、実績報告をしなかった者を罰することとしているのである。

(3)　法第二三条の規定による報告をせず、若しくは虚偽の報告をし、検査を拒み、妨げ、若しくは忌避し、又は質問に対して答弁せず、若しくは虚偽の答弁をした者（第三一条第三号）

法第二三条の規定による立入検査等を実効あるものにするため、罰則によりこれが担保されているものである。

四　両罰規定

本法第二九条から第三一条までの規定における「交付を受けた者」とか「使用をした者」とか『違反した者」とかに該当する者は、いうまでもなく、当該補助金等又は間接補助金等の交付を受けた補助事業者等又は間接補助事業者等であり、それは、法人のこともあり、自然人のこともある。したがって、これらの者の代表者あるいは代理人、使用人等が補助事業者等又は間接補助事業者等である法人又は自然人の業務に関して、第二九条から第三一条までの違反の事実行為をしても、当然には、上述の「交付を受けた者」とか「使用をした者」とか「違反した者」とかに該当しないので、これらの罰則の規定では当然には処罰できない。さりとて、法人である補助事業者等又は間接補助事業者等には犯罪行為能力は認められないので、当該法人が前記の「交付を受けた者」等に該当する場合であっても、これらの罰則の規定では当然には処罰することができない。したがって、「交付を受けた者」等に該当することによって、これらの罰則の規定により処罰することができるのは、特別の規定のない限り、自然人である補助事業者等又は間接補助事業者等の場合に限られることとなるが、このような行為による現実的な受益者である法人自体を罰することなくしてはその趣旨の徹底が期し難いこととなる。このため、本法は、このような場合には当該違反行為をした代表者等を罰するほか、その補助事業者等又は間接補助事業者等である法人（法人でない団体で代表者又は管理人の定のあるものを含む。）又は自然人を罰することとするため、第三二条第一項に両罰規定を設け、代表者あるいは代理人、使用人等が、「その法人又は人の業務に関し、前三条の違反行為をしたときは、その行為者を罰するほか、当該法人又は人に対し各本条の罰金刑を科する」ことと規定したものである。

なお、この規定により法人でない団体を処罰する場合においては、「その代表者又は管理人が訴訟行為につきその団体を代表するほか、法人を被告人とする場合の刑事訴訟に関する法律の規定を準用する」こととされている（第三二条第二項）。

右の両罰規定については、国及び地方公共団体に関し、本法第三三条に特則がおかれている。国に関して罰則が問題となるのは第二九条第一項のみであるが、この規定に基づく法的効果の点から見ると、「交付をした者」とは補助金等の場合においては、国そのものであり、形式的には、国を違反の主体とすることになる。しかし、本項の罰は、国を被害者とし、国に対する背任行為を処罰する実質をもつものであるから、補助金等の場合においては、各省各庁の係官等が国の機関として不当に補助金等の交付をした実体をもつことに鑑みこれらの者を処罰すれば足りるものである。また、地方公共団体については、これを処罰の対象とすることは可能であるが、地方公共団体の本来の性格は、いわゆる公法人であって、他の法人とは異なり一定の行政権を有してみずから公権力に基づく行政作用を営むものであり、地方公共団体の行う補助事業等及び間接補助事業等は、正にこの行政作用として行われる場合が多いものであるから、これを、本法により処罰することは必ずしも適当ではないであろう。また仮に地方公共団体に罰金刑を科しても、それは住民の地方税負担等となって現われることを考えれば、地方公共団体に罰則を適用することは無意味である。

これらの観点から、本法第三三条第一項において、法人等に対する両罰規定は、「国又は地方公共団体には、適用しない」こととされているのである。

このような規定がなされた結果、そのままでは国又は地方公共団体のみならず、その業務に関し違反行為をした各省各庁の長その他の職員並びに、地方公共団体の長その他の職員も処罰の対象外となることとなるので、あらためて、これらの行為者を処罰する趣旨の規定が必要となり、同条第二項において「国又は地方公共団体において第二九条から第三一条までの違反行為があったときは、その行為をした各省各庁の長その他の職員又は地方公共団体の長その他の職員に対し、各本条の刑を科する」と規定されているのである。

なお、罰則規定に直接の関係はないが、国会審議の過程において提示された問題点として、次の諸点があるので参考までに付記しておく。

その第一は、不正不当の補助金等の交付は、これを申請する側の不当もさることながら、これを交付する国側の査定基準に、客観性・合理性を欠いているため、係官の恣意に委ねられることにも原因することが多い。いわゆる陳情行政の弊害は、交付決定の際に科学的基準に基づき厳正な査定が行われるならば、自然に消失する筈である。一の事業の優先的価値を判断するについて、自然科学的法則とまではいかないにしても、できるかぎり係官の個人的恣意の介入を排除する何等かの客観的基準が必要であるという点である。

第二は、補助金等の受領者がこれを国の期待通りに使用しない原因は、配分された補助金等があまりにも零細で、受領者の意思の如何に拘らず、これを独立に補助金交付の目的に使用できないことにある。今後は、補助金等の総花的分配を改め、重点的分配を行い、資金効率の上らぬ、或は零細な補助制度を一掃する必要があるという点である。

第三は、補助金制度をめぐる腐敗は、地方財政の窮迫に原因する。したがって、地方財政の健全化を図ることが必要である。地方財政の再建を政府としても推進すると同時に、補助単価を合理的にし、補助事業等の遂行が可能となるよう充分にみてやる必要があろうという点である。この後の点については、衆議院大蔵委員会は、補助申請に対する国の修正決定権を規定する本法第六条に第三項（現行第四項）として、「修正を加えてその交付を決定するに当っては、……当該補助事業の遂行を不当に困難とさせないようにしなければならない」旨の修正追加をなし、その意図の一端が明かにされたところである。

（参考１）　補助金等適正化法違反事件受理・処理人員

（単位　人）

区分 年別	受理人員	起訴 求公判	起訴 求略式	起訴 計	不起訴 起訴猶予	不起訴 その他	不起訴 計	処理人員計
昭和30年								
31	20	2	—	2	2	7	9	11
32	63	17	—	17	36	3	39	56
33	62	4	2	6	21	4	25	31
34	30	7	—	7	49	10	59	66
35	59	9	—	9	21	16	37	46
36	54	17	—	17	45	17	62	79
37	47	6	1	7	33	11	44	51
38	95	5	—	5	89	20	109	114
39	32	7	—	7	17	3	20	27
40	25	4	—	4	22	3	25	29
41	29	5	7	12	24	—	24	36
42	31	6	—	6	8	9	17	23
43	28	3	3	6	21	9	30	36
44	21	1	—	1	14	4	18	19
45	—	—	—	—	—	—	—	—
46	—	—	—	—	—	—	—	—
47	—	—	—	—	—	—	—	—
48	29	—	4	4	27	26	53	57

49	17		4	4	6	3	9	13
50	14	4	7	11	2	4	6	17
51	80	6	2	8	61	7	68	76
52	12		4	4	8	7	15	19
53	22	3	5	8	18	8	26	34
54	2	—	2	2	1	—	1	3
55	19	1	6	7	6	—	6	13
56	29	5	—	5	7	16	23	28
57	8	—	1	1	3	3	6	7
58	16	1	4	5	4	4	8	13
59	7	—	1	1	17	3	20	21
60	4	—	—	—	1	3	4	4
61	6	2	1	3	1	2	3	6
62	8	2	—	2	2	1	3	5
63	5	—	10	10	1	1	2	12
平成元年	5	—	—	—	5	3	8	8
2	1	—	—	—	1	2	3	3
3	—	—	—	—	—	—	—	—
4	1	—	—	—	—	—	—	—
5	—	—	—	—	—	1	1	1
6	—	—	—	—	—	—	—	—
7	—	—	—	—	—	—	—	—

8	2	—	—	—	—	2	2	2
9	12	4	2	6	1	—	1	7
10	13	6	2	8	2	7	9	17
11	19	3	7	10	9	—	9	19
12	27	17	—	17	6	1	7	24
13	23	5	—	5	3	—	3	8
14	32	13	—	13	10	17	27	40
15	34	8	7	15	1	32	33	48
16	69	53	—	53	10	5	15	68
17	50	12	4	16	7	11	18	34
18	28	6	—	6	31	11	42	48
19	19	6	1	7	4	14	18	25
20	14	5	—	5	8	1	9	14
21	10	4	1	5	5	2	7	12
22	13	2	—	2	3	5	8	10
23	14	5	1	6	6	—	6	12
24	18	5	5	10	7	13	20	30
25	12	5	—	5	—	6	6	11
26	22	10	1	11	7	3	10	21
27	13	5	3	8	3	1	4	12
28	30	9	2	11	6	7	13	24

29	36	—	—	—	32	4	36	36
30	5	2	—	2	2	1	3	5

（備考）1．検察統計年報による。

2．受理人員とは，検察官認知又は直受による事件および司法警察員から送致を受けた事件の人員をいう。

3．受理人員よりも処理人員が多い年度があるが，これは前年度未処理で当該年度に処理したものを含むためである。

4．昭和30年（９月26日～12月31日）は該当事件がない。

参考資料

一、基本法令

《法　律》

○補助金等に係る予算の執行の適正化に関する法律
（昭和三十年八月二十七日法律第百七十九号）

最終改正 令和元年五月三一日法律第一六号

目次

第一章　総則（第一条―第四条）
第二章　補助金等の交付の申請及び決定（第五条―第十条）
第三章　補助事業等の遂行等（第十一条―第十六条）
第四章　補助金等の返還等（第十七条―第二十一条）
第五章　雑則（第二十一条の二―第二十八条）
第六章　罰則（第二十九条―第三十三条）
附則

《政　令》

○補助金等に係る予算の執行の適正化に関する法律施行令
（昭和三十年九月二十六日政令第二百五十五号）

最終改正 令和二年六月一九日政令第一九三号

《通達等》

○第十七回国会参議院予算委員会における「予算の不正・不当支出防止に関する決議」及びこれに対する大蔵大臣発言要旨（昭二八・一一・七）（基本通達1・2）
○補助金等に係る予算の執行の適正化に関する閣議了解（昭三〇・六・一四）（基本通達3）
○補助金等適正化連絡会議の設置について（昭三〇・一〇・二二閣議了解）（基本通達4）
○補助金等適正化地方連絡協議会の運営方針等について（昭三〇・一一・一〇中央連絡協議会）（基本通達5）
○地方分権推進計画（抄）（平一〇・五・二九閣議決定）（基本通達6）
○第二次地方分権推進計画（抄）（平一一・三・二六閣議決定）（基本通達7）
○経済財政運営と構造改革に関する基本方針二〇〇三（抄）（平一五・六・二

第一章　総則

（この法律の目的）

第一条　この法律は、補助金等の交付の申請、決定等に関する事項その他補助金等に係る予算の執行に関する基本的事項を規定することにより、補助金等の交付の不正な申請及び補助金等の不正な使用の防止その他補助金等に係る予算の執行並びに補助金等の交付の決定の適正化を図ることを目的とする。

（定義）

第二条　この法律において「補助金等」とは、国が国以外の者に対して交付する次に掲げるものをいう。

一　補助金

二　負担金（国際条約に基く分担金を除く。）

三　利子補給金

四　その他相当の反対給付を受けない給付金であつて政令で定めるもの

2　この法律において「補助事業等」とは、補助金等の交付の対象となる事務又は事業をいう。

3　この法律において「補助事業者等」

（定義）

第一条　この政令において「補助金等」、「補助事業等」、「補助事業者等」、「間接補助金等」、「間接補助事業等」、「間接補助事業者等」、「各省各庁」又は「各省各庁の長」とは、補助金等に係る予算の執行の適正化に関する法律（日本中央競馬会法（昭和二十九年法律第二百五号）第二十条の二、国立研究開発法人情報通信研究機構法（平成十一年法律第百六十二号）第十九条（同法附則第八条第六項の規定により読み替えられる場合を含む。）、独立行政法人石油天然ガス・金属鉱物資源機

七閣議決定）（基本通達8）

○地域再生基本方針（抄）（平一七・四・二二閣議決定）（基本通達9）

《法　律》

とは、補助事業等を行う者をいう。

4　この法律において「間接補助金等」とは、次に掲げるものをいう。

一　国以外の者が相当の反対給付を受けないで交付する給付金で、補助金等を直接又は間接にその財源の全部又は一部とし、かつ、当該補助金等の交付の目的に従つて交付するもの

二　利子補給金又は利子の軽減を目的とする前号の給付金の交付を受ける者が、その交付の目的に従い、利子を軽減して融通する資金

5　この法律において「間接補助事業等」とは、前項第一号の給付金の交付又は同項第二号の資金の融通の対象となる事務又は事業をいう。

6　この法律において「間接補助事業者等」とは、間接補助事業等を行う者をいう。

7　この法律において「各省各庁」とは、財政法（昭和二十二年法律第三十四号）第二十一条に規定する各省各庁をいい、「各省各庁の長」とは、同法

《政　令》

構法（平成十四年法律第九十四号）第十二条の二、独立行政法人農畜産業振興機構法（平成十四年法律第百二十六号）第十七条（肉用子牛生産安定等特別措置法（昭和六十三年法律第九十八号）第十五条の二の規定により読み替えられる場合を含む。）、独立行政法人国際協力機構法（平成十四年法律第百三十六号）第三十七条、独立行政法人国際交流基金法（平成十四年法律第百三十七号）第十三条、国立研究開発法人新エネルギー・産業技術総合開発機構法（平成十四年法律第百四十五号）第十八条、独立行政法人中小企業基盤整備機構法（平成十四年法律第百四十七号）第十六条（同法附則第十四条の規定により読み替えられる場合を含む。）、独立行政法人日本学術振興会法（平成十四年法律第百五十九号）第十七条第二項及び附則第二条の六、独立行政法人日本スポーツ振興センター法（平成十四年法律第百六十二号）第二十八条、独立行政法人日本芸術文化振

《通達等》

第二十条第二項に規定する各省各庁の長をいう。

興会法（平成十四年法律第百六十三号）第十七条、独立行政法人福祉医療機構法（平成十四年法律第百六十六号）第十三条、独立行政法人鉄道建設・運輸施設整備支援機構法（平成十四年法律第百八十号）第二十三条、独立行政法人環境再生保全機構法（平成十五年法律第四十三号）第十一条、独立行政法人日本学生支援機構法（平成十五年法律第九十四号）第二十四条、独立行政法人大学改革支援・学位授与機構法（平成十五年法律第百十四号）第二十二条、国立研究開発法人医薬基盤・健康・栄養研究所法（平成十六年法律第百三十五号）第十六条並びに国立研究開発法人日本医療研究開発機構法（平成二十六年法律第四十九号）第十七条の三において準用する場合を含む。以下「法」という。）第二条に規定する補助金等、補助事業等、補助事業者等、間接補助金等、間接補助事業等、間接補助事業者等、各省各庁又は各省各庁の長をいう。

（補助金等とする給付金の指定）

第二条　法第二条第一項第四号に規定す

《法　律》

《政　令》

る給付金で政令で定めるものは、次に掲げるもの（第五十四号から第百八十五号までにあつては、当該各号に掲げる予算の目又はこれに準ずるものの経費の支出によるもの）とする。

一　児童福祉法（昭和二十二年法律第百六十四号）第五十六条の四の三第二項に規定する交付金

二　農業保険法（昭和二十二年法律第百八十五号）第十八条及び附則第三条第一項に規定する交付金

三　農業改良助長法（昭和二十三年法律第百六十五号）第六条第一項に規定する協同農業普及事業交付金

四　漁業法（昭和二十四年法律第二百六十七号）第百十八条第一項（同法第百三十二条において準用する場合を含む。）に規定する交付金

五　電波法（昭和二十五年法律第百三十一号）第七十一条の三第九項（同法第七十一条の三の二第十一項において準用する場合を含む。）の規定による交付金

《通達等》

六　植物防疫法（昭和二十五年法律第百五十一号）第三十五条第一項に規定する交付金

七　旧令による共済組合等からの年金受給者のための特別措置法（昭和二十五年法律第二百五十六号）第七条又は第十一条の規定による交付金

八　農業委員会等に関する法律（昭和二十六年法律第八十八号）第二条第一項に規定する交付金

九　公共土木施設災害復旧事業費国庫負担法（昭和二十六年法律第九十七号）第十三条第二項の規定による交付金

十　森林法（昭和二十六年法律第二百四十九号）第百九十五条第一項に規定する交付金

十一　離島振興法（昭和二十八年法律第七十二号）第七条の三第二項に規定する交付金

十二　特別支援学校への就学奨励に関する法律（昭和二十九年法律第百四十四号）第二条第四項の規定による給付金

十三　奄美群島振興開発特別措置法

《法　律》

《政　令》

（昭和二十九年法律第百八十九号）第九条第二項に規定する交付金

十四　義務教育諸学校等の施設費の国庫負担等に関する法律（昭和三十三年法律第八十一号）第十二条第一項に規定する交付金

十五　国民健康保険法（昭和三十三年法律第百九十二号）第七十二条の規定による交付金

十六　激甚（じん）災害に対処するための特別の財政援助等に関する法律（昭和三十七年法律第百五十号）第三条第一項及び第四条第五項の規定による交付金

十七　漁船損害補償法の一部を改正する法律（昭和四十一年法律第四十六号）附則第五項、漁船損害補償法の一部を改正する法律（昭和四十八年法律第五十五号）附則第三項及び漁船損害等補償法の一部を改正する法律（平成十一年法律第四十六号）附則第五条に規定する交付金

十八　石炭鉱業の構造調整の推進等の

《通達等》

石炭対策の総合的な実施のための関係法律の整備等に関する法律（平成四年法律第二十三号）附則第五条第一項の規定によりなおその効力を有するものとされる同法第八条の規定による廃止前の石炭鉱業再建整備臨時措置法（昭和四十二年法律第四十九号）第十条第一項の規定による損失補償金

十九　職業能力開発促進法（昭和四十四年法律第六十四号）第九十五条第一項に規定する交付金

二十　公害健康被害の補償等に関する法律（昭和四十八年法律第百十一号）第五十条の規定による交付金

二十一　発電用施設周辺地域整備法（昭和四十九年法律第七十八号）第七条（同法第十条第四項において準用する場合を含む。）に規定する交付金

二十二　防衛施設周辺の生活環境の整備等に関する法律（昭和四十九年法律第百一号）第九条第二項に規定する特定防衛施設周辺整備調整交付金

二十三　高齢者の医療の確保に関する

《法　律》

《政　令》

法律（昭和五十七年法律第八十号）第九十三条第三項、第九十五条第一項及び附則第五条の規定による交付金

二十四　港湾労働法（昭和六十三年法律第四十号）第三十五条の規定による交付金

二十五　介護労働者の雇用管理の改善等に関する法律（平成四年法律第六十三号）第二十三条の規定による交付金

二十六　特定先端大型研究施設の共用の促進に関する法律（平成六年法律第七十八号）第二十一条の規定による交付金

二十七　介護保険法（平成九年法律第百二十三号）第百二十二条第一項、第百二十二条の二及び第百二十二条の三の規定による交付金

二十八　沖縄振興特別措置法（平成十四年法律第十四号）第百五条の三第二項に規定する交付金

二十九　都市再生特別措置法（平成十

《通達等》

四年法律第二十二号）第四十七条第二項に規定する交付金

三十　独立行政法人水資源機構法（平成十四年法律第百八十二号）第二十一条第一項及び第二十二条第一項の規定による交付金

三十一　次世代育成支援対策推進法（平成十五年法律第百二十号）第十一条第一項に規定する交付金

三十二　地域再生法（平成十七年法律第二十四号）第十三条第一項に規定する交付金

三十三　地域における多様な需要に応じた公的賃貸住宅等の整備等に関する特別措置法（平成十七年法律第七十九号）第七条第二項に規定する交付金

三十四　石綿による健康被害の救済に関する法律（平成十八年法律第四号）第三十二条第一項の規定による交付金のうち同法の規定により独立行政法人環境再生保全機構が行う業務の事務の執行に要する費用に係るもの

三十五　自殺対策基本法（平成十八年

《法　律》

《政　令》

法律第八十五号）第十四条に規定する交付金

三十六　道州制特別区域における広域行政の推進に関する法律（平成十八年法律第百十六号）第十九条第一項に規定する交付金

三十七　農山漁村の活性化のための定住等及び地域間交流の促進に関する法律（平成十九年法律第四十八号）第六条第二項に規定する交付金

三十八　広域的地域活性化のための基盤整備に関する法律（平成十九年法律第五十二号）第十九条第二項に規定する交付金

三十九　駐留軍等の再編の円滑な実施に関する特別措置法（平成十九年法律第六十七号）第六条に規定する再編交付金

四十　森林の間伐等の実施の促進に関する特別措置法（平成二十年法律第三十二号）第六条第二項に規定する交付金

四十一　高等学校等就学支援金の支給

《通達等》

に関する法律（平成二十二年法律第十八号）第十五条の規定による交付金

四十二　平成二十三年度における子ども手当の支給等に関する特別措置法（平成二十三年法律第百七号）第二十三条に規定する交付金

四十三　東日本大震災復興特別区域法（平成二十三年法律第百二十二号）第七十八条第二項に規定する交付金

四十四　特定B型肝炎ウイルス感染者給付金等の支給に関する特別措置法（平成二十三年法律第百二十六号）第三十八条の規定による交付金

四十五　福島復興再生特別措置法（平成二十四年法律第二十五号）第三十四条第二項及び第四十六条第二項に規定する交付金

四十六　子ども・子育て支援法（平成二十四年法律第六十五号）第六十六条の二の規定による給付金及び同法第六十八条第三項に規定する交付金

四十七　外国人の技能実習の適正な実施及び技能実習生の保護に関する法律（平成二十八年法律第八十九号）

《法　律》

《政　令》

第九十六条の規定による交付金

四十八　地域における大学の振興及び若者の雇用機会の創出による若者の修学及び就業の促進に関する法律（平成三十年法律第三十七号）第十一条に規定する交付金

四十九　旧優生保護法に基づく優生手術等を受けた者に対する一時金の支給等に関する法律（平成三十一年法律第十四号）第二十九条の規定による交付金

五十　アイヌの人々の誇りが尊重される社会を実現するための施策の推進に関する法律（平成三十一年法律第十六号）第十五条第一項に規定する交付金

五十一　大学等における修学の支援に関する法律（令和元年法律第八号）第十条第一号の規定による給付金

五十二　自殺対策の総合的かつ効果的な実施に資するための調査研究及びその成果の活用等の推進に関する法律（令和元年法律第三十二号）第十

《通達等》

三条の規定による交付金
五十三　ハンセン病元患者家族に対する補償金の支給等に関する法律（令和元年法律第五十五号）第二十八条の規定による交付金
五十四　不発弾等処理交付金
五十五　啓発宣伝事業等委託費
五十六　特別支援教育就学奨励費交付金（第十二号に掲げる給付金に該当するものを除く。）
五十七　社会事業学校等経営委託費
五十八　生活保護指導監査委託費
五十九　身体障害者福祉促進事業委託費
六十　衛生関係指導者養成等委託費（医務衛生関係指導者養成等委託のうち救急医療施設医師研修会の委託に係るものを除く。）
六十一　遺族及留守家族等援護事務委託費のうち戦傷病者福祉事業助成委託及び昭和館運営委託に係るもの
六十二　中山間地域等直接支払交付金
六十三　水産業改良普及事業交付金
六十四　後進地域特例法適用団体等補助率差額及び後進地域特例法適用団

《法　律》

《政　令》

体補助率差額
六十五　石油貯蔵施設立地対策等交付金
六十六　国連・障害者の十年記念施設運営委託費
六十七　電源立地等推進対策交付金
六十八　原子力施設等防災対策等交付金
六十九　森林整備地域活動支援交付金
七十　電源立地地域対策交付金（第二十一号に掲げる給付金に該当するものを除く。）
七十一　循環型社会形成推進交付金
七十二　農業・食品産業強化対策整備交付金
七十三　農業・食品産業強化対策推進交付金
七十四　自然環境整備交付金
七十五　医療提供体制施設整備交付金
七十六　地域住宅交付金（第三十三号に掲げる給付金に該当するものを除く。）
七十七　労働時間等設定改善推進助成

《通達等》

金
七十八　農山漁村活性化対策整備交付金（第三十七号に掲げる給付金に該当するものを除く。）
七十九　農山漁村活性化対策推進交付金（第三十七号に掲げる給付金に該当するものを除く。）
八十　森林整備・林業等振興推進交付金
八十一　水産業強化対策推進交付金
八十二　生物多様性保全推進交付金
八十三　高齢者医療制度円滑運営臨時特例交付金
八十四　地域活性化・生活対策臨時交付金
八十五　地方消費者行政活性化交付金
八十六　子育て支援対策臨時特例交付金
八十七　緊急雇用創出事業臨時特例交付金
八十八　妊婦健康診査臨時特例交付金
八十九　地域活性化・経済危機対策臨時交付金
九十　高等学校授業料減免事業等支援臨時特例交付金

《法　律》

《政　令》

九十一　医療施設耐震化臨時特例交付金
九十二　新型インフルエンザワクチン開発・生産体制整備臨時特例交付金
九十三　地域医療再生臨時特例交付金
九十四　緊急人材育成・就職支援事業臨時特例交付金
九十五　社会福祉施設等耐震化等臨時特例交付金
九十六　過疎地域等自立活性化推進交付金
九十七　農山漁村地域整備交付金
九十八　過疎地域事業補助率差額
九十九　北方領土隣接地域振興等事業補助率差額
百　農山漁村六次産業化対策推進交付金
百一　農山漁村六次産業化対策整備交付金
百二　森林整備・林業等振興整備交付金
百三　水産業強化対策整備交付金
百四　社会資本整備総合交付金（第二

《通達等》

十九号、第三十三号又は第三十八号に掲げる給付金に該当するものを除く。）
百五　受動喫煙防止対策助成金
百六　被災児童生徒就学支援等臨時特例交付金
百七　被災農家経営再開支援交付金
百八　被災私立高等学校等教育環境整備支援臨時特例交付金
百九　革新的医療機器創出促進等臨時特例交付金
百十　電力基盤高度化等対策交付金
百十一　放射線監視設備整備臨時特別交付金
百十二　原子力災害影響調査等交付金
百十三　原子力災害健康管理施設整備交付金
百十四　地域経済活性化・雇用創出臨時交付金
百十五　地域経済循環創造事業交付金
百十六　防災・安全社会資本整備交付金（第二十九号、第三十三号又は第三十八号に掲げる給付金に該当するものを除く。）
百十七　生物多様性保全回復施設整備

《法律》

《政令》

交付金
百十八　森林・山村多面的機能発揮対策交付金
百十九　水産多面的機能発揮対策交付金
百二十　原子力災害避難指示区域消防活動費交付金
百二十一　防災対策推進後進地域特例法適用団体補助率差額
百二十二　防災対策推進社会資本整備総合交付金
百二十三　女性活躍推進交付金
百二十四　福島再生加速化交付金（第四十五号に掲げる給付金に該当するものを除く。）
百二十五　地域医療対策支援臨時特例交付金
百二十六　多面的機能支払交付金
百二十七　治山事業後進地域特例法適用団体補助率差額
百二十八　道路整備事業後進地域特例法適用団体補助率差額
百二十九　港湾整備事業後進地域特例

《通達等》

法適用団体補助率差額
百三十　農業農村整備事業後進地域特例法適用団体補助率差額
百三十一　森林整備事業後進地域特例法適用団体補助率差額
百三十二　水産基盤整備事業後進地域特例法適用団体補助率差額
百三十三　地域女性活躍推進交付金
百三十四　地方消費者行政推進交付金
百三十五　生活基盤施設耐震化等交付金
百三十六　保育所等整備交付金（第一号に掲げる給付金に該当するものを除く。）
百三十七　廃棄物処理施設整備交付金
百三十八　鳥獣捕獲等事業交付金
百三十九　福島原子力災害復興交付金
百四十　中間貯蔵施設整備等影響緩和交付金
百四十一　教育支援体制整備事業費交付金
百四十二　認定こども園施設整備交付金
百四十三　環境保全型農業直接支援対策交付金

《法　律》

《政　令》

百四十四　特定防衛施設周辺整備調整交付金（第二十二号又は第三十九号に掲げる給付金に該当するものを除く。）

百四十五　二酸化炭素排出抑制対策事業費交付金

百四十六　被災児童生徒就学支援等事業交付金

百四十七　地域子供の未来応援交付金

百四十八　地域少子化対策重点推進交付金

百四十九　地域介護対策支援臨時特例交付金

百五十　農地集積・集約化対策推進交付金

百五十一　拠点返還地跡地利用推進交付金

百五十二　食料安全保障確立対策推進交付金

百五十三　食料安全保障確立対策整備交付金

百五十四　農地利用最適化交付金

百五十五　農地集積・集約化対策整備

《通達等》

交付金
百五十六　被災者支援総合交付金
百五十七　特定非営利活動法人等被災者支援交付金
百五十八　緊急スクールカウンセラー等活用事業交付金
百五十九　東北観光復興対策交付金
百六十　九州観光支援交付金
百六十一　性犯罪・性暴力被害者支援交付金
百六十二　特定有人国境離島地域社会維持推進交付金
百六十三　荒廃農地発生防止・解消対策交付金
百六十四　離島漁業再生支援等交付金
百六十五　環境保全施設整備交付金
百六十六　放射線健康影響調査等交付金
百六十七　農林水産業再生支援交付金
百六十八　東京パラリンピック競技大会開催準備交付金
百六十九　地方消費者行政強化交付金
百七十　地域自殺対策強化交付金（第三十五号に掲げる給付金に該当するものを除く。）

《法　律》

《政　令》

百七十一　農業水利施設保全管理整備交付金
百七十二　六次産業化市場規模拡大対策推進交付金
百七十三　六次産業化市場規模拡大対策整備交付金
百七十四　ブロック塀・冷房設備対応臨時特例交付金
百七十五　外国人受入環境整備交付金
百七十六　農業水利施設保全管理推進交付金
百七十七　国産農産物生産・供給体制強化対策交付金
百七十八　地域就職氷河期世代支援加速化交付金
百七十九　性暴力・配偶者暴力被害者等支援交付金
百八十　特定地域づくり事業推進交付金
百八十一　民間都市開発推進機構補給金
百八十二　新型コロナウイルス感染症対応地方創生臨時交付金

《通達等》

（関係者の責務）

第三条　各省各庁の長は、その所掌の補助金等に係る予算の執行に当つては、補助金等が国民から徴収された税金その他の貴重な財源でまかなわれるものであることに特に留意し、補助金等が法令及び予算で定めるところに従つて公正かつ効率的に使用されるように努めなければならない。

2　補助事業者等及び間接補助事業者等は、補助金等が国民から徴収された税金その他の貴重な財源でまかなわれるものであることに留意し、法令の定及び補助金等の交付の目的又は間接補助金等の交付若しくは融通の目的に従つて誠実に補助事業等又は間接補助事業等を行うように努めなければならない。

（他の法令との関係）

百八十三　新型コロナウイルス感染症緊急包括支援交付金

百八十四　高収益作物次期作支援交付金

百八十五　新型コロナウイルスワクチン等生産体制整備臨時特例交付金

≪法　律≫

第四条　補助金等に関しては、他の法律又はこれに基く命令若しくはこれを実施するための命令に特別の定のあるものを除くほか、この法律の定めるところによる。

第二章　補助金等の交付の申請及び決定

（補助金等の交付の申請）
第五条　補助金等の交付の申請（契約の申込を含む。以下同じ。）をしようとする者は、政令で定めるところにより、補助事業等の目的及び内容、補助事業等に要する経費その他必要な事項を記載した申請書に各省各庁の長が定める書類を添え、各省各庁の長に対しその定める時期までに提出しなければならない。

≪政　令≫

（補助金等の交付の申請の手続）
第三条　法第五条の申請書には、次に掲げる事項を記載しなければならない。
一　申請者の氏名又は名称及び住所
二　補助事業等の目的及び内容
三　補助事業等の経費の配分、経費の使用方法、補助事業等の完了の予定期日その他補助事業等の遂行に関する計画
四　交付を受けようとする補助金等の額及びその算出の基礎
五　その他各省各庁の長（日本中央競馬会、国立研究開発法人情報通信研究機構、独立行政法人石油天然ガス・金属鉱物資源機構、独立行政法

≪通達等≫

人農畜産業振興機構、独立行政法人国際協力機構、独立行政法人国際交流基金、国立研究開発法人新エネルギー・産業技術総合開発機構、独立行政法人中小企業基盤整備機構、独立行政法人日本学術振興会、独立行政法人日本スポーツ振興センター、独立行政法人日本芸術文化振興会、独立行政法人福祉医療機構、独立行政法人環境再生保全機構、独立行政法人日本学生支援機構、国立研究開発法人医薬基盤・健康・栄養研究所又は国立研究開発法人日本医療研究開発機構の補助金等に関しては、これらの理事長とし、独立行政法人大学改革支援・学位授与機構の補助金等に関しては、その機構長とする。

2 第九条第二項及び第三項（第十四条第二項において準用する場合を含む。）、第十三条第四号及び第五号並びに第十四条第一項第二号を除き、以下同じ。）が定める事項

前項の申請書には、次に掲げる事項を記載した書類を添附しなければならない。

《法　律》

（補助金等の交付の決定）

第六条　各省各庁の長は、補助金等の交付の申請があつたときは、当該申請に係る書類等の審査及び必要に応じて行う現地調査等により、当該申請に係る補助金等の交付が法令及び予算で定めるところに違反しないかどうか、補助事業等の目的及び内容が適正であるか

《政　令》

一　申請者の営む主な事業

二　申請者の資産及び負債に関する事項

三　補助事業等の経費のうち補助金等によつてまかなわれる部分以外の部分の負担者、負担額及び負担方法

四　補助事業等の効果

五　補助事業等に関して生ずる収入金に関する事項

六　その他各省各庁の長が定める事項

3　第一項の申請書若しくは前項の書類に記載すべき事項の一部又は同項の規定による添附書類は、各省各庁の長の定めるところにより、省略することができる。

《通達等》

○所謂施越工事に対する補助について（昭三一・四・三〇蔵計一〇二四）（基本通達10）

○補助金等の交付決定の分割処理及び補助条件の整備に関する暫定措置について（昭三一・九・二二蔵計二二一〇）（基本通達13）

○昭和三十二年度予算に係る補助金等の

どうか、金額の算定に誤がないかどうか等を調査し、補助金等を交付すべきものと認めたときは、すみやかに補助金等の交付の決定（契約の承諾の決定を含む。以下同じ。）をしなければならない。

2　各省各庁の長は、補助金等の交付の申請が到達してから当該申請に係る補助金等の交付の決定をするまでに通常要すべき標準的な期間（法令により当該各省各庁の長と異なる機関が当該申請の提出先とされている場合は、併せて、当該申請が当該提出先とされている機関の事務所に到達してから当該各省各庁の長に到達するまでに通常要すべき標準的な期間）を定め、かつ、これを公表するよう努めなければならない。

3　各省各庁の長は、第一項の場合において、適正な交付を行うため必要があるときは、補助金等の交付の申請に係る事項につき修正を加えて補助金等の交付の決定をすることができる。

4　前項の規定により補助金等の交付の申請に係る事項につき修正を加えてそ

交付決定について（昭三二・四・一〇蔵計九一四）（基本通達11）

○平成二十三年度補助金等予算の執行に関する手続等について（抄）（平二三・四・一三財計一二一九）（基本通達12）

《法　律》

の交付の決定をするに当つては、その申請に係る当該補助事業等の遂行を不当に困難とさせないようにしなければならない。

（補助金等の交付の条件）

第七条　各省各庁の長は、補助金等の交付の決定をする場合において、法令及び予算で定める補助金等の交付の目的を達成するため必要があるときは、次に掲げる事項につき条件を附するものとする。

一　補助事業等に要する経費の配分の変更（各省各庁の長の定める軽微な変更を除く。）をする場合においては、各省各庁の長の承認を受けるべきこと。

二　補助事業等を行うため締結する契約に関する事項その他補助事業等に要する経費の使用方法に関する事項

三　補助事業等の内容の変更（各省各庁の長の定める軽微な変更を除く。）をする場合においては、各省各庁の長の承認を受けるべきこと。

《政　令》

（事業完了後においても従うべき条件）

第四条　各省各庁の長は、補助金等の交付の目的を達成するため必要がある場合には、その交付の条件として、補助事業等の完了後においても従うべき事項を定めるものとする。

2　補助金等が基金造成費補助金等（補助事業者等が基金事業等（複数年度にわたる事務又は事業であつて、各年度の所要額をあらかじめ見込み難く、弾力的な支出が必要であることその他の特段の事情があり、あらかじめ当該複数年度にわたる財源を確保しておくことがその安定的かつ効率的な実施に必要であると認められるものをいう。以下この項において同じ。）の財源として設置する基金に充てる資金として各省各庁の長が交付する補助金等をい

《通達等》

○補助金等の交付決定の分割処理及び補助条件の整備に関する暫定措置について（昭三一・九・二二蔵計二二一〇）（基本通達13）

○補助条件の整備に関する暫定措置（第二次分）について（昭三一・一二・四蔵計二六六二）（基本通達14）

○補助事業等に要する経費の配分等について（昭三一・一二・四事務連絡）（基本通達15）

○補助金等適正化法の「軽微な変更」及び「同種」の基準（昭三〇・一二・二六中央連絡協議会）（基本通達17）

○基金造成費補助金等の活用に関する指針について（平二六・一〇・二二財計二五三四）（基本通達16）

四　補助事業等を中止し、又は廃止する場合においては、各省各庁の長の承認を受けるべきこと。
五　補助事業等が予定の期間内に完了しない場合又は補助事業等の遂行が困難となつた場合においては、すみやかに各省各庁の長に報告してその指示を受けるべきこと。

2　各省各庁の長は、補助事業等の完了により当該補助事業者等に相当の収益が生ずると認められる場合においては、当該補助金等の交付の目的に反しない場合に限り、その交付した補助金等の全部又は一部に相当する金額を国に納付すべき旨の条件を附することができる。

3　前二項の規定は、これらの規定に定める条件のほか、各省各庁の長が法令及び予算で定める補助金等の交付の目的を達成するため必要な条件を附することを妨げるものではない。

4　補助金等の交付の決定に附する条件は、公正なものでなければならず、いやしくも補助金等の交付の目的を達成するため必要な限度をこえて不当に補

う。第三号及び第四号において同じ。）に該当する場合には、前項の補助事業等の完了後においても従うべき事項は、次に掲げる事項とする。

一　基金事業等に係る運営及び管理に関する基本的事項として各省各庁の長が定めるものを公表すべきこと。
二　基金を廃止するまでの間、毎年度、当該基金の額及び基金事業等の実施状況を各省各庁の長に報告すべきこと。
三　基金の額が基金事業等の実施状況その他の事情に照らして過大であると各省各庁の長が認めた場合又は各省各庁の長が定めた基金の廃止の時期が到来したことその他の事情により基金を廃止した場合は、速やかに、交付を受けた基金造成費補助金等の全部又は一部に相当する金額を国に納付すべきこと。
四　前三号に掲げるもののほか、基金造成費補助金等の交付の目的を達成するため必要と認められる事項

《法　律》

助事業者等に対し干渉するようなものであつてはならない。

（決定の通知）

第八条　各省各庁の長は、補助金等の交付の決定をしたときは、すみやかにその決定の内容及びこれに条件を附した場合にはその条件を補助金等の交付の申請をした者に通知しなければならない。

（申請の取下げ）

第九条　補助金等の交付の申請をした者は、前条の規定による通知を受領した場合において、当該通知に係る補助金等の交付の決定の内容又はこれに附された条件に不服があるときは、各省各庁の長の定める期日までに、申請の取下げをすることができる。

2　前項の規定による申請の取下げがあつたときは、当該申請に係る補助金等の交付の決定は、なかつたものとみなす。

（事情変更による決定の取消等）

第十条　各省各庁の長は、補助金等の交

《政　令》

（事情変更による決定の取消ができる場合）

《通達等》

○補助金等に係る予算の執行の適正化に関する法律第十条第一項の規定の趣旨

付の決定をした場合において、その後の事情の変更により特別の必要が生じたときは、補助金等の交付の決定の全部若しくは一部を取り消し、又はその決定の内容若しくはこれに附した条件を変更することができる。ただし、補助事業等のうちすでに経過した期間に係る部分については、この限りでない。

2　各省各庁の長が前項の規定により補助金等の交付の決定を取り消すことができる場合は、天災地変その他補助金等の交付の決定後生じた事情の変更により補助事業等の全部又は一部を継続する必要がなくなつた場合その他政令で定める特に必要な場合に限る。

3　各省各庁の長は、第一項の規定による補助金等の交付の決定の取消により特別に必要となつた事務又は事業に対しては、政令で定めるところにより、補助金等を交付するものとする。

4　第八条の規定は、第一項の処分をした場合について準用する。

第五条　法第十条第二項に規定する政令で定める特に必要な場合は、補助事業者等又は間接補助事業者等が補助事業等又は間接補助事業等を遂行するため必要な土地その他の手段を使用することができないこと、補助事業等又は間接補助事業等に要する経費のうち補助金等又は間接補助金等によつてまかなわれる部分以外の部分を負担することができないことその他の理由により補助事業等又は間接補助事業等を遂行することができない場合（補助事業者等又は間接補助事業者等の責に帰すべき事情による場合を除く。）とする。

（決定の取消に伴う補助金等の交付）

第六条　法第十条第三項の規定による補助金等は、次に掲げる経費について交付するものとする。

一　補助事業等に係る機械、器具及び仮設物の撤去その他の残務処理に要する経費

二　補助事業等を行うため締結した契約の解除により必要となつた賠償金の支払に要する経費

2　前項の補助金等の額の同項各号に掲

について（平一〇・六・二九事務連絡）（参考質疑応答1）

《法　律》

第三章　補助事業等の遂行等

（補助事業等及び間接補助事業等の遂行）

第十一条　補助事業者等は、法令の定並びに補助金等の交付の決定の内容及びこれに附した条件その他法令に基く各省各庁の長の処分に従い、善良な管理者の注意をもつて補助事業等を行わなければならず、いやしくも補助金等の他の用途への使用（利子補給金にあつては、その交付の目的となつている融資又は利子の軽減をしないことにより、補助金等の交付の目的に反してその交付を受けたことになることをいう。以下同じ。）をしてはならない。

2　間接補助事業者等は、法令の定及び間接補助金等の交付又は融通の目的に従い、善良な管理者の注意をもつて間

《政　令》

げる経費の額に対する割合その他その交付については、法第十条第一項の規定による取消に係る補助事業等についての補助金等に準ずるものとする。

《通達等》

接補助事業等を行わなければならず、いやしくも間接補助金等の他の用途への使用（利子の軽減を目的とする第二条第四項第一号の給付金にあつては、その交付の目的となつている融資又は利子の軽減をしないことにより間接補助金等の交付の目的に反してその交付を受けたことになることをいい、同項第二号の資金にあつては、その融通の目的に従つて使用しないことにより不当に利子の軽減を受けたことになることをいう。以下同じ。）をしてはならない。

（状況報告）

第十二条　補助事業者等は、各省各庁の長の定めるところにより、補助事業等の遂行の状況に関し、各省各庁の長に報告しなければならない。

（補助事業等の遂行等の命令）

第十三条　各省各庁の長は、補助事業者等が提出する報告等により、その者の補助事業等が補助金等の交付の決定の内容又はこれに附した条件に従つて遂行されていないと認めるときは、その者に対し、これらに従つて当該補助事

（補助事業等の遂行の一時停止）

第七条　各省各庁の長は、法第十三条第二項の規定により補助事業等の遂行の一時停止を命ずる場合においては、補助事業者等が当該補助金等の交付の決定の内容及びこれに附した条件に適合させるための措置を各省各庁の長の指

≪法　律≫

業等を遂行すべきことを命ずることができる。

2　各省各庁の長は、補助事業者等が前項の命令に違反したときは、その者に対し、当該補助事業等の遂行の一時停止を命ずることができる。

（実績報告）

第十四条　補助事業者等は、各省各庁の長の定めるところにより、補助事業等が完了したとき（補助事業等の廃止の承認を受けたときを含む。）は、補助事業等の成果を記載した補助事業等実績報告書に各省各庁の長の定める書類を添えて各省各庁の長に報告しなければならない。補助金等の交付の決定に係る国の会計年度が終了した場合も、また同様とする。

（補助金等の額の確定等）

第十五条　各省各庁の長は、補助事業等の完了又は廃止に係る補助事業等の成果の報告を受けた場合においては、報告書等の書類の審査及び必要に応じて行う現地調査等により、その報告に係

≪政　令≫

定する期日までにとらないときは、法第十七条第一項の規定により当該補助金等の交付の決定の全部又は一部を取り消す旨を、明らかにしなければならない。

（国の会計年度終了の場合における実績報告）

第八条　法第十四条後段の規定による補助事業等実績報告書には、翌年度以降の補助事業等の遂行に関する計画を附記しなければならない。ただし、その計画が当該補助金等の交付の決定の内容となつた計画に比して変更がないときは、この限りでない。

≪通達等≫

○補助事業等実績報告書の提出期限等について（昭三三・一一・一五蔵計三一八二）（基本通達18）

○「実績に基いて補助金等を交付する場合における精算額の解釈について」の照会について（昭三〇・一一・一七事務連絡）（参考質疑応答2）

○補助事業等実績報告書の提出期限等について（昭三三・一一・一五蔵計三一八二）（基本通達18）

○農業改良資金造成費補助金の補助金等適正化法第十五条の規定に基く額の確定の時期等について（昭三三・二・二

る補助事業等の成果が補助金等の交付の決定の内容及びこれに附した条件に適合するものであるかどうかを調査し、適合すると認めたときは、交付すべき補助金等の額を確定し、当該補助事業者等に通知しなければならない。

（是正のための措置）

第十六条　各省各庁の長は、補助事業等の完了又は廃止に係る補助事業等の成果の報告を受けた場合において、その報告に係る補助事業等の成果が補助金等の交付の決定の内容及びこれに附した条件に適合しないと認めるときは、当該補助事業等につき、これに適合させるための措置をとるべきことを当該補助事業者等に対して命ずることができる。

2　第十四条の規定は、前項の規定による命令に従つて行う補助事業等について準用する。

第四章　補助金等の返還等

（決定の取消）

第十七条　各省各庁の長は、補助事業者等が、補助金等の他の用途への使用を

《法　律》

し、その他補助事業等に関して補助金等の交付の決定の内容又はこれに附した条件その他法令又はこれに基く各省各庁の長の処分に違反したときは、補助金等の交付の決定の全部又は一部を取り消すことができる。

2　各省各庁の長は、間接補助事業者等が、間接補助金等の他の用途への使用をし、その他間接補助事業等に関して法令に違反したときは、補助事業者等に対し、当該間接補助金等に係る補助金等の交付の決定の全部又は一部を取り消すことができる。

3　前二項の規定は、補助事業等について交付すべき補助金等の額の確定があつた後においても適用があるものとする。

4　第八条の規定は、第一項又は第二項の規定による取消をした場合について準用する。

（補助金等の返還）

第十八条　各省各庁の長は、補助金等の交付の決定を取り消した場合におい

《政　令》

（補助金等の返還の期限の延長等）

第九条　法第十八条第三項の規定による補助金等の返還の期限の延長又は返還

《通達等》

○補助事業等実績報告書の提出期限等について（昭三三・一一・一五蔵計三一八二）（基本通達18）

て、補助事業等の当該取消に係る部分に関し、すでに補助金等が交付されているときは、期限を定めて、その返還を命じなければならない。

2　各省各庁の長は、補助事業者等に交付すべき補助金等の額を確定した場合において、すでにその額をこえる補助金等が交付されているときは、期限を定めて、その返還を命じなければならない。

3　各省各庁の長は、第一項の返還の命令に係る補助金等の交付の決定の取消が前条第二項の規定によるものである場合において、やむを得ない事情があると認めるときは、政令で定めるところにより、返還の期限を延長し、又は返還の命令の全部若しくは一部を取り消すことができる。

の命令の全部若しくは一部の取消は、補助事業者等の申請により行うものとする。

2　補助事業者等は、前項の申請をしようとする場合には、申請の内容を記載した書面に、当該補助事業等に係る間接補助金等の交付又は融通の目的を達成するためとつた措置及び当該補助金等の返還を困難とする理由その他参考となるべき事項を記載した書類を添えて、これを各省各庁の長（日本中央競馬会、国立研究開発法人情報通信研究機構、独立行政法人石油天然ガス・金属鉱物資源機構、独立行政法人農畜産業振興機構、独立行政法人国際協力機構、独立行政法人国際交流基金、国立研究開発法人新エネルギー・産業技術総合開発機構、独立行政法人中小企業基盤整備機構、独立行政法人日本学術振興会、独立行政法人日本スポーツ振興センター、独立行政法人日本芸術文化振興会、独立行政法人福祉医療機構、独立行政法人鉄道建設・運輸施設整備支援機構、独立行政法人環境再生保全機構、独立行政法人日本学生支援

《法　律》

《政　令》

機構、国立研究開発法人医薬基盤・健康・栄養研究所又は国立研究開発法人日本医療研究開発機構の補助金等に関しては、これらの理事長とし、独立行政法人大学改革支援・学位授与機構の補助金等に関しては、その機構長とする。次項（第十四条第二項において準用する場合を含む。）、第十三条第四号及び第五号並びに第十四条第一項第二号において同じ。）に提出しなければならない。

3　各省各庁の長は、法第十八条第三項の規定により補助金等の返還の期限の延長又は返還の命令の全部若しくは一部の取消をしようとする場合には、財務大臣に協議しなければならない。

4　日本中央競馬会、国立研究開発法人情報通信研究機構、独立行政法人石油天然ガス・金属鉱物資源機構、独立行政法人農畜産業振興機構、独立行政法人国際協力機構、独立行政法人国際交流基金、国立研究開発法人新エネルギー・産業技術総合開発機構、独立行政

《通達等》

法人中小企業基盤整備機構、独立行政法人日本学術振興会、独立行政法人日本スポーツ振興センター、独立行政法人日本芸術文化振興会、独立行政法人福祉医療機構、独立行政法人鉄道建設・運輸施設整備支援機構、独立行政法人環境再生保全機構、独立行政法人日本学生支援機構、国立研究開発法人医薬基盤・健康・栄養研究所若しくは国立研究開発法人日本医療研究開発機構の理事長又は独立行政法人大学改革支援・学位授与機構の機構長は、法第十八条第三項の規定により補助金等の返還の期限の延長又は返還の命令の全部若しくは一部の取消しをしようとする場合には、前項の規定にかかわらず、日本中央競馬会又は独立行政法人農畜産業振興機構にあつては農林水産大臣、国立研究開発法人日本医療研究開発機構にあつては内閣総理大臣、文部科学大臣、厚生労働大臣及び経済産業大臣、国立研究開発法人情報通信研究機構にあつては総務大臣、独立行政法人国際協力機構又は独立行政法人国際交流基金にあつては外務大臣、独立

《法　律》

《政　令》

行政法人日本学術振興会、独立行政法人日本スポーツ振興センター、独立行政法人日本芸術文化振興会、独立行政法人日本学生支援機構又は独立行政法人大学改革支援・学位授与機構にあつては文部科学大臣、独立行政法人福祉医療機構又は国立研究開発法人医薬基盤・健康・栄養研究所にあつては厚生労働大臣、独立行政法人石油天然ガス・金属鉱物資源機構、国立研究開発法人新エネルギー・産業技術総合開発機構又は独立行政法人中小企業基盤整備機構にあつては経済産業大臣、独立行政法人鉄道建設・運輸施設整備支援機構にあつては国土交通大臣、独立行政法人環境再生保全機構にあつては環境大臣の承認を受けなければならない。

5　農林水産大臣、内閣総理大臣、総務大臣、外務大臣、文部科学大臣、厚生労働大臣、経済産業大臣、国土交通大臣又は環境大臣は、前項の承認をしようとする場合には、財務大臣に協議し

《通達等》

（加算金及び延滞金）

第十九条　補助事業者等は、第十七条第一項の規定又はこれに準ずる他の法律の規定による処分に関し、補助金等の返還を命ぜられたときは、政令で定めるところにより、その命令に係る補助金等の受領の日から納付の日までの日数に応じ、当該補助金等の額（その一部を納付した場合におけるその後の期間については、既納額を控除した額）につき年十・九五パーセントの割合で計算した加算金を国に納付しなければならない。

2　補助事業者等は、補助金等の返還を命ぜられ、これを納期日までに納付しなかつたときは、政令で定めるところにより、納期日の翌日から納付の日までの日数に応じ、その未納付額につき年十・九五パーセントの割合で計算した延滞金を国に納付しなければならない。

3　各省各庁の長は、前二項の場合において、やむを得ない事情があると認めるときは、政令で定めるところによ

なければならない。

（加算金の計算）

第十条　補助金等が二回以上に分けて交付されている場合における法第十九条第一項の規定の適用については、返還を命ぜられた額に相当する補助金等は、最後の受領の日に受領したものとし、当該返還を命ぜられた額がその日に受領した額をこえるときは、当該返還を命ぜられた額に達するまで順次さかのぼりそれぞれの受領の日において受領したものとする。

2　法第十九条第一項の規定により加算金を納付しなければならない場合において、補助事業者等の納付した金額が返還を命ぜられた補助金等の額に達するまでは、その納付金額は、まず当該返還を命ぜられた補助金等の額に充てられたものとする。

（延滞金の計算）

第十一条　法第十九条第二項の規定により延滞金を納付しなければならない場合において、返還を命ぜられた補助金等の未納付額の一部が納付されたときは、当該納付の日の翌日以後の期間に

○補助金等適正化法に関する質疑について（昭三一・六・七事務連絡）（参考質疑応答4）

《法　律》

り、加算金又は延滞金の全部又は一部を免除することができる。

（他の補助金等の一時停止等）

第二十条　各省各庁の長は、補助事業者等が補助金等の返還を命ぜられ、当該補助金等、加算金又は延滞金の全部又は一部を納付しない場合において、その者に対して、同種の事務又は事業について交付すべき補助金等があるときは、相当の限度においてその交付を一時停止し、又は当該補助金等と未納付額とを相殺することができる。

《政　令》

係る延滞金の計算の基礎となるべき未納付額は、その納付金額を控除した額によるものとする。

（加算金又は延滞金の免除）

第十二条　第九条の規定は、法第十九条第三項の規定による加算金又は延滞金の全部又は一部の免除について準用する。この場合において、第九条第二項中「当該補助事業等に係る間接補助金等の交付又は融通の目的を達成するため」とあるのは、「当該補助金等の返還を遅延させないため」と読み替えるものとする。

《通達等》

○補助金等適正化法の「軽微な変更」及び「同種」の基準（昭三〇・一二・二六中央連絡協議会）（基本通達17）

○補助金等適正化法に関する質疑について（昭三一・六・七事務連絡）（参考質疑応答4）

（徴収）

第二十一条　各省各庁の長が返還を命じた補助金等又はこれに係る加算金若しくは延滞金は、国税滞納処分の例により、徴収することができる。

2　前項の補助金等又は加算金若しくは延滞金の先取特権の順位は、国税及び地方税に次ぐものとする。

第五章　雑則

（理由の提示）

第二十一条の二　各省各庁の長は、補助金等の交付の決定の取消し、補助事業等の遂行若しくは一時停止の命令又は補助事業等の是正のための措置の命令をするときは、当該補助事業者等に対してその理由を示さなければならない。

（財産の処分の制限）

第二十二条　補助事業者等は、補助事業等により取得し、又は効用の増加した政令で定める財産を、各省各庁の長の承認を受けないで、補助金等の交付の目的に反して使用し、譲渡し、交換し、貸し付け、又は担保に供してはな

（処分を制限する財産）

第十三条　法第二十二条に規定する政令で定める財産は、次に掲げるものとする。

一　不動産

二　船舶、航空機、浮標、浮さん橋及び浮ドック

○補助金等適正化法第二十二条の規定に基づく同法施行令第十三条第四号により各省各庁の長が定める機械及び重要な器具の範囲について（昭四六・五・一二蔵計一六一八）（基本通達19）

○補助金等適正化法第二十二条の規定に基づく同法施行令第十四条第一項第二

《法　律》

らない。ただし、政令で定める場合は、この限りでない。

（立入検査等）

第二十三条　各省各庁の長は、補助金等

《政　令》

三　前二号に掲げるものの従物

四　機械及び重要な器具で、各省各庁の長が定めるもの

五　その他各省各庁の長が補助金等の交付の目的を達成するため特に必要があると認めて定めるもの

（財産の処分の制限を適用しない場合）

第十四条　法第二十二条ただし書に規定する政令で定める場合は、次に掲げる場合とする。

一　補助事業者等が法第七条第二項の規定による条件に基き補助金等の全部に相当する金額を国に納付した場合

二　補助金等の交付の目的及び当該財産の耐用年数を勘案して各省各庁の長が定める期間を経過した場合

2　第九条第三項から第五項までの規定は、前項第二号の期間を定める場合について準用する。

《通達等》

号により各省各庁の長が定める期間について（昭四六・五・一二蔵計一六一八）（基本通達20）

○補助金等適正化法第二十二条の規定に基づく各省各庁の長の承認について（平二〇・四・一〇財計一〇八七）（基本通達21）

○補助金等に係る予算の執行の適正化に

に係る予算の執行の適正を期するため必要があるときは、補助事業者等若しくは間接補助事業者等に対して報告をさせ、又は当該職員にその事務所、事業場等に立ち入り、帳簿書類その他の物件を検査させ、若しくは関係者に質問させることができる。

2　前項の職員は、その身分を示す証票を携帯し、関係者の要求があるときは、これを提示しなければならない。

3　第一項の規定による権限は、犯罪捜査のために認められたものと解してはならない。

（不当干渉等の防止）

第二十四条　補助金等の交付に関する事務その他補助金等に係る予算の執行に関する事務に従事する国又は都道府県の職員は、当該事務を不当に遅延させ、又は補助金等の交付の目的を達成するため必要な限度をこえて不当に補助事業者等若しくは間接補助事業者等に対して干渉してはならない。

（行政手続法の適用除外）

第二十四条の二　補助金等の交付に関する各省各庁の長の処分については、行

関する法律第二十三条第二項の証票の書式を定める省令（昭三一・五・三一大蔵省令三五）（二一七頁）

○補助金等に係る予算の執行の適正化に関する法律第二十三条第二項の証票の発行権者について（昭三一・一二・二七事務連絡）（参考質疑応答5）

《法　律》

政手続法（平成五年法律第八十八号）第二章及び第三章の規定は、適用しない。

（不服の申出）

第二十五条　補助金等の交付の決定、補助金等の交付の決定の取消、補助金等の返還の命令その他補助金等の交付に関する各省各庁の長の処分に対して不服のある地方公共団体（港湾法（昭和二十五年法律第二百十八号）に基く港務局を含む。以下同じ。）は、政令で定めるところにより、各省各庁の長に対して不服を申し出ることができる。

2　各省各庁の長は、前項の規定による不服の申出があつたときは、不服を申し出た者に意見を述べる機会を与えた上、必要な措置をとり、その旨を不服を申し出た者に対して通知しなければならない。

3　前項の措置に不服のある者は、内閣に対して意見を申し出ることができる。

《政　令》

（不服の申出の手続）

第十五条　法第二十五条第一項の規定により不服を申し出ようとする者は、当該不服の申出に係る処分の通知を受けた日（処分について通知がない場合においては、処分があつたことを知つた日）から三十日以内に、当該処分の内容、処分を受けた年月日及び不服の理由を記載した不服申出書に参考となるべき書類を添えて、これを当該処分をした各省各庁の長（法第二十六条第一項の規定により当該処分を委任された機関があるときは当該機関とし、同条第二項の規定により当該処分を行うこととなつた都道府県の知事又は教育委員会があるときは当該知事又は教育委員会とする。以下この条において同じ。）に提出しなければならない。

2　各省各庁の長は、通信、交通その他の状況により前項の期間内に不服を申

《通達等》

（事務の実施）

第二十六条　各省各庁の長は、政令で定めるところにより、補助金等の交付に関する事務の一部を各省各庁の機関に委任することができる。

2　国は、政令で定めるところにより、補助金等の交付に関する事務の一部を都道府県が行うこととすることができる。

3　前項の規定により都道府県が行うこととされる事務は、地方自治法（昭和二十二年法律第六十七号）第二条第九項第一号に規定する第一号法定受託事務とする。

し出なかつたことについてやむを得ない理由があると認める者については、当該期間を延長することができる。

3　各省各庁の長は、第一項の不服の申出があつた場合において、その申出の方式又は手続に不備があるときは、相当と認められる期間を指定して、その補正をさせることができる。

（事務の委任の範囲及び手続）

第十六条　各省各庁の長は、法第二十六条第一項の規定により、補助金等の交付の申請の受理、交付の決定及びその取消し、補助事業等の実績報告の受理、補助金等の額の確定、補助金等の返還に関する処分その他補助事業等の監督に関する事務の一部を当該各省各庁の機関（日本中央競馬会、国立研究開発法人情報通信研究機構、独立行政法人石油天然ガス・金属鉱物資源機構、独立行政法人農畜産業振興機構、独立行政法人国際協力機構、独立行政法人国際交流基金、国立研究開発法人新エネルギー・産業技術総合開発機構、独立行政法人中小企業基盤整備機構、独立行政法人日本学術振興会、独

《法　律》

《政　令》

立行政法人日本スポーツ振興センター、独立行政法人日本芸術文化振興会、独立行政法人福祉医療機構、独立行政法人環境再生保全機構、独立行政法人日本学生支援機構、国立研究開発法人医薬基盤・健康・栄養研究所又は国立研究開発法人日本医療研究開発機構の理事長の事務については日本中央競馬会、国立研究開発法人情報通信研究機構、独立行政法人石油天然ガス・金属鉱物資源機構、独立行政法人農畜産業振興機構、独立行政法人国際協力機構、独立行政法人国際交流基金、国立研究開発法人新エネルギー・産業技術総合開発機構、独立行政法人中小企業基盤整備機構、独立行政法人日本学術振興会、独立行政法人日本スポーツ振興センター、独立行政法人日本芸術文化振興会、独立行政法人福祉医療機構、独立行政法人環境再生保全機構、独立行政法人日本学生支援機構、国立研究開発法人医薬基盤・健康・栄養研究所又は国立研究開発法人日本医療研

《通達等》

究開発機構の機関、独立行政法人大学改革支援・学位授与機構の機構長の事務については独立行政法人大学改革支援・学位授与機構の機関）に委任することができる。ただし、各省各庁の地方支分部局に委任しようとする場合においては、当該補助金等の名称を明らかにして、委任しようとする事務の内容及び機関について、財務大臣に協議しなければならない。

2　日本中央競馬会、国立研究開発法人情報通信研究機構、独立行政法人石油天然ガス・金属鉱物資源機構、独立行政法人農畜産業振興機構、独立行政法人国際協力機構、独立行政法人国際交流基金、国立研究開発法人新エネルギー・産業技術総合開発機構、独立行政法人中小企業基盤整備機構、独立行政法人日本学術振興会、独立行政法人日本スポーツ振興センター、独立行政法人日本芸術文化振興会、独立行政法人福祉医療機構、独立行政法人環境再生保全機構、独立行政法人日本学生支援機構、国立研究開発法人医薬基盤・健康・栄養研究所若しくは国立研究開発

《法　律》

《政　令》

法人日本医療研究開発機構の理事長又は独立行政法人大学改革支援・学位授与機構の機構長は、法第二十六条第一項の規定により事務の一部を従たる事務所の職員に委任しようとする場合には、当該補助金等の名称を明らかにして、委任しようとする事務の内容及び職員について、日本中央競馬会又は独立行政法人農畜産業振興機構にあつては農林水産大臣、国立研究開発法人日本医療研究開発機構にあつては内閣総理大臣、文部科学大臣、厚生労働大臣及び経済産業大臣、国立研究開発法人情報通信研究機構にあつては総務大臣、独立行政法人国際協力機構又は独立行政法人国際交流基金にあつては外務大臣、独立行政法人日本学術振興会、独立行政法人日本スポーツ振興センター、独立行政法人日本芸術文化振興会、独立行政法人日本学生支援機構又は独立行政法人大学改革支援・学位授与機構にあつては文部科学大臣、独立行政法人福祉医療機構又は国立研究

《通達等》

開発法人医薬基盤・健康・栄養研究所にあつては厚生労働大臣、独立行政法人石油天然ガス・金属鉱物資源機構、国立研究開発法人新エネルギー・産業技術総合開発機構又は独立行政法人中小企業基盤整備機構にあつては経済産業大臣、独立行政法人環境再生保全機構にあつては環境大臣の承認を受けなければならない。

3　第九条第五項の規定は、前項の承認について準用する。

4　各省各庁の長は、法第二十六条第一項の規定により事務の一部を委任したときは、直ちに、その内容を公示しなければならない。

（都道府県が行う事務の範囲及び手続）

第十七条　各省各庁の長は、法第二十六条第二項の規定により、補助金等の交付の申請の受理、交付の決定及びその取消し、補助事業等の実績報告の受理、補助金等の額の確定、補助金等の返還に関する処分その他補助事業等の監督に関する事務の一部を都道府県の知事又は教育委員会（以下「知事等」

《法　律》

《政　令》

という。）が行うこととすることができる。この場合においては、当該補助金等の名称を明らかにして、知事等が行うこととなる事務の内容について、財務大臣に協議しなければならない。

2　前項の場合においては、各省各庁の長は、当該補助金等の名称及び知事等が行うこととなる事務の内容を明らかにして、知事等が当該事務を行うこととなることについて、都道府県の知事の同意を求めなければならない。

3　都道府県の知事は、前項の規定により各省各庁の長から同意を求められた場合には、その内容について同意をするかどうかを決定し、同意をする決定をしたときは同意をする旨を、同意をしない決定をしたときは同意をしない旨を各省各庁の長に通知するものとする。

4　各省各庁の長は、法第二十六条第二項の規定により事務の一部を知事等が行うこととなつたときは、直ちに、その内容を公示しなければならない。

《通達等》

（電磁的記録による作成）

第二十六条の二　この法律又はこの法律に基づく命令の規定により作成することとされている申請書等（申請書、書類その他文字、図形その他の人の知覚によつて認識することができる情報が記載された紙その他の有体物をいう。

5　法第二十六条第二項の規定により事務の一部を知事等が行つた場合は、知事等は、各省各庁の長に対し、その旨及びその内容を報告するものとする。

6　法第二十六条第二項の規定により事務の一部を知事等が行うこととなつた場合においては、法中当該事務に係る各省各庁の長に関する規定は、知事等に関する規定として知事等に適用があるものとする。

（都道府県が行うこととなつた場合の事務の実施）

第十八条　各省各庁の長は、法第二十六条第二項の規定により法第二十三条の規定による職権に属する事務を知事等が行うこととなつた場合においても、自ら当該事務を行うことができるものとする。

《法　律》

次条において同じ。）については、当該申請書等に記載すべき事項を記録した電磁的記録（電子的方式、磁気的方式その他人の知覚によつては認識することができない方式で作られる記録であつて、電子計算機による情報処理の用に供されるものとして各省各庁の長が定めるものをいう。同条第一項において同じ。）の作成をもつて、当該申請書等の作成に代えることができる。この場合において、当該電磁的記録は、当該申請書等とみなす。

（電磁的方法による提出）

第二十六条の三　この法律又はこの法律に基づく命令の規定による申請書等の提出については、当該申請書等が電磁的記録で作成されている場合には、電磁的方法（電子情報処理組織を使用する方法その他の情報通信の技術を利用する方法であつて各省各庁の長が定めるものをいう。次項において同じ。）をもつて行うことができる。

2　前項の規定により申請書等の提出が

《政　令》

《通達等》

電磁的方法によつて行われたときは、当該申請書等の提出を受けるべき者の使用に係る電子計算機に備えられたファイルへの記録がされた時に該当提出を受けるべき者に到達したものとみなす。

（適用除外）

第二十七条　他の法律又はこれに基く命令若しくはこれを実施するための命令に基き交付する補助金等に関しては、政令で定めるところにより、この法律の一部を適用しないことができる。

（政令への委任）

第二十八条　この法律に定めるもののほか、この法律の施行に関し必要な事項は、政令で定める。

第六章　罰則

第二十九条　偽りその他不正の手段により補助金等の交付を受け、又は間接補助金等の交付若しくは融通を受けた者は、五年以下の懲役若しくは百万円以下の罰金に処し、又はこれを併科する。

2　前項の場合において、情を知つて交

《法　律》

付又は融通をした者も、また同項と同様とする。

第三十条　第十一条の規定に違反して補助金等の他の用途への使用又は間接補助金等の他の用途への使用をした者は、三年以下の懲役若しくは五十万円以下の罰金に処し、又はこれを併科する。

第三十一条　次の各号の一に該当する者は、三万円以下の罰金に処する。

一　第十三条第二項の規定による命令に違反した者

二　法令に違反して補助事業等の成果の報告をしなかつた者

三　第二十三条の規定による報告をせず、若しくは虚偽の報告をし、検査を拒み、妨げ、若しくは忌避し、又は質問に対して答弁せず、若しくは虚偽の答弁をした者

第三十二条　法人（法人でない団体で代表者又は管理人の定のあるものを含む。以下この項において同じ。）の代表者又は法人若しくは人の代理人、使

《政　令》

《通達等》

用人その他の従業者が、その法人又は人の業務に関し、前三条の違反行為をしたときは、その行為者を罰するほか、当該法人又は人に対し各本条の罰金刑を科する。

2　前項の規定により法人でない団体を処罰する場合においては、その代表者又は管理人が訴訟行為につきその団体を代表するほか、法人を被告人とする場合の刑事訴訟に関する法律の規定を準用する。

第三十三条　前条の規定は、国又は地方公共団体には、適用しない。

2　国又は地方公共団体において第二十九条から第三十一条までの違反行為があつたときは、その行為をした各省各庁の長その他の職員又は地方公共団体の長その他の職員に対し、各本条の刑を科する。

附　則（抄）

1　この法律は、公布の日から起算して三十日を経過した日から施行する。ただし、昭和二十九年度分以前の予算により支出された補助金等及びこれに係

附　則

1　この政令は、公布の日から施行する。

2　法の施行前に交付された補助金等について法の施行後に返還を命じた場合

《法　律》

る間接補助金等に関しては、適用しない。

2　この法律の施行前に補助金等が交付され、又は補助金等の交付の意思が表示されている事務又は事業に関しては、政令でこの法律の特例を設けることができる。

《政　令》

における法第十九条第一項の加算金の計算については、同項中「受領の日」とあるのは、「この法律の施行の日」と読み替えるものとする。

3　法第十九条から第二十一条までの規定は、法の施行前に補助金等の返還を命じた場合については、適用しない。

《通達等》

参考資料

○補助金等に係る予算の執行の適正化に関する法律第二十三条第二項の証票の書式を定める省令

（昭和三十一年五月三十一日大蔵省令第三十五号）

補助金等に係る予算の執行の適正化に関する法律第二十三条第二項の証票の書式を定める省令を次のように定める。

補助金等に係る予算の執行の適正化に関する法律第二十三条第二項の証票の書式を定める省令

補助金等に係る予算の執行の適正化に関する法律（昭和三十年法律第百七十九号）第二十三条第二項の証票の書式は、次のとおりとする。

附　則

この省令は、公布の日から施行する。

表面

（6.5センチメートル × 9センチメートル）

第　　　号
年　月　日発行
官　職　氏　名

年　月　日生
補助金等に係る予算の執行の適正化に関する法律（昭和30年法律第179号）第23条第2項の規定による検査員の証

年　月　日まで有効

各省各庁の長　印

裏面

補助金等に係る予算の執行の適正化に関する法律（昭和30年法律第179号）抜すい

第23条　各省各庁の長は、補助金等に係る予算の執行の適正を期するため必要があるときは、補助事業者等若しくは間接補助事業者等に対して報告をさせ、又は当該職員にその事務所、事業場等に立ち入り、帳簿書類その他の物件を検査させ、若しくは関係者に質問させることができる。

2　前項の職員は、その身分を示す証票を携帯し、関係者の要求があるときは、これを提示しなければならない。

3　第１項の規定による権限は、犯罪捜査のために認められたものと解してはならない。

備考　用紙は厚質白紙とする。

二、基本通達

（一般）

1　予算の不正・不当支出防止に関する決議
（第十七回国会参議院予算委員会）
（昭和二十八年十一月七日）

国民の血税を以て編成される予算は、厘毛たりと云へども、これが不正・不当に支出されるが如きは、許すべからざる所であるにも拘らず、会計検査院の年次報告に見れば、年々その件数を累加しつつあるは誠に遺憾の極である。未曽有の大災害に際し之が復旧に関し、苟も斯くの如き事態の発生せざる様、政府は速に具体的な措置を講じ、万全を期すべきである。

右決議する。

2　予算の不正・不当支出防止に関する決議に対する大蔵大臣発言要旨
（第十七回国会参議院予算委員会）
（昭和二十八年十一月七日）

只今の御決議につき、政府に於いては御趣旨を体し、法令の制定等、具体的な方法を講ずることとし、仰せのごとく国民の血税を以て編成される歳出予算は最も効率的なる運用を図ると共に、かりそめにも不正・不当に支出せられざるよう、厳に措置することといたします。

3　補助金等に係る予算の執行の適正化に関する閣議了解
（昭和三十年六月十四日）
（閣　議　了　解）

一、次の場合において、補助金等に係る予算の執行の適正を期するため必要があるときは、じ後交付の決定をする補助金等のうち、国が法律に基き義務として交付するもの以外のものにつき、補助事業者等に対し、相当の期間補助金等の全部又は一部の交付の決定を行わないこととする。

㈠　偽りその他不正の手段によつて補助金等の交付を受け、又は間接補助金等の交付若しくは融通を受けた場合

㈡　補助金等の他の用途への使用又は間接補助金等の他の用途への使用があつた場合

なお、「補助金等」、「間接補助金等」、「補助金等の他の用途への使用」、「間接補助金等の交付若しくは融通」又は「補助事業者等」の用語は、「補助金等に係る予算の執行の適正化に関する法律案」の用語の例による。

二、補助金等に係る予算の執行の適正化に関する法律（案）の運用に当つては、同法に違反する行為があつた場合における政府の措置の適正を図り、その取扱を慎重にするため、関係各省は、随時協議することとし、特に主務省との意見の調整をつとめることとすること。但し、犯罪の捜査に関しては、この限りでない。

会計検査院に対しては、右の趣旨により協力方要望する

こと。

三、災害復旧事業費の決定に関しては、左記の事項について財務大臣に協議すること。

㈠　査定の方針（「公共土木施設災害復旧事業費国庫負担法」または「農林水産業施設災害復旧事業費国庫補助の暫定措置に関する法律」の解釈並びに自由裁量に属する部分の処理の基準）

㈡　単価の決定並びにその変更

㈢　査定の方法（査定の実施に関する具体的計画）

4　補助金等適正化連絡会議の設置について

（昭和三十年十月二十一日閣議了解
最終改正　平成二十四年三月十三日）

補助金等適正化連絡会議の設置について

一　補助金等に係る予算の執行の適正化に関する法律（以下「適正化法」という。）の実施に伴い、財務省に補助金等適正化中央連絡会議（以下「中央連絡会議」という。）を、財務省財務局及び内閣府沖縄総合事務局に補助金等適正化地方連絡会議（以下「地方連絡会議」という。）を設ける。

二　中央連絡会議は、

イ　適正化法の円滑な運営を図るため必要な関係行政機関相互の連絡協議

ロ　前号の目的を達するため必要な補助金等に関する調査研究を行う。

三　地方連絡会議は、中央連絡会議の定める方針に従い当該区域における前号の事務を行う。

四　中央連絡会議の構成は別紙一、地方連絡会議の構成は別紙二のとおりとする。

五　中央連絡会議及び地方連絡会議（以下「連絡会議」という。）は、それぞれ会長が招集する。

会長は、必要に応じ、評議員の一部をもつて構成する連絡会議を招集することができる。

六　連絡会議に幹事を置き、関係行政機関の担当官のうちから会長が委嘱する。

七　中央連絡会議の庶務は、財務省主計局において行うものとし、地方連絡会議の庶務は、財務省財務局において行うものとする。

八　前各号に掲げるもののほか、連絡会議の運営に関し必要な事項は、会長が連絡会議にはかって定める。

別紙一

補助金等適正化中央連絡会議評議員

会　長　財務事務次官
評議員　最高裁判所事務総局経理局長
〃　会計検査院事務総局次長
〃　内閣府大臣官房長
〃　警察庁長官官房長
〃　警察庁刑事局長
〃　復興庁統括官
〃　総務省大臣官房長
〃　総務省行政評価局長
〃　総務省自治財政局長

〃　法務省大臣官房長
〃　法務省刑事局長
〃　外務省大臣官房長
〃　財務省主計局長
〃　文部科学省大臣官房長
〃　厚生労働省大臣官房長
〃　農林水産省大臣官房長
〃　経済産業省大臣官房長
〃　国土交通省大臣官房長
〃　環境省大臣官房長
〃　防衛省地方協力局長

別紙二

補助金等適正化地方連絡会議評議員

会　長　財務省財務局長又は内閣府沖縄総合事務局長
評議員　総務省管区行政評価局長又は総務省沖縄行政評価事務所長
〃　総務省総合通信局長又は総務省沖縄総合通信事務所長
〃　農林水産省地方農政局長
〃　経済産業省経済産業局長
〃　国土交通省地方整備局長
〃　国土交通省北海道開発局開発監理部長
〃　国土交通省地方運輸局長
〃　防衛省地方防衛局長
〃　都道府県総務部長

5　補助金等適正化地方連絡協議会の運営方針等について

（昭和三十年十一月十日　中央連絡協議会）

地方連絡協議会の運営等については、左記により処理されたい。

なお、第一回中央連絡協議会の会長挨拶及び議事要旨を参考までに添附します。

記

一　委員について

地方連絡協議会の委員については、「補助金等適正化連絡協議会の設置について」の閣議了解（昭和三十年十月二十一日）の別紙により決定しているので、特に委嘱の手続を取る必要はないが、前記閣議了解の趣旨徹底を期するため、貴職から協力方依頼をすること。〔別紙略〕

二　幹事の委嘱について

地方連絡協議会の幹事は、別紙「補助金等適正化地方連絡協議会幹事予定表」により委嘱すること。

三　運営方針について

(1)　地方連絡協議会においては、特に次の諸事項につき協議研究すること。

イ、適正化法の周知徹底策

ロ、適正化法に基く諸基準及び形式上の諸様式の統一並びにこれらの設定に関する意見

ハ、投書密告の処理等

ニ、補助金制度の合理化のための実態把握

(2)　地方連絡協議会の管轄区域に違反事件があり告発すべきものと考えるときは、あらかじめ中央連絡協議会に連絡すること。

四　地方連絡協議会の招集について

財務局の管轄区域と各省の地方部局の管轄区域とが異なる場合における委員及び幹事の招集については、概ね次の趣旨により行うこと。

(1)　財務局の管轄区域が各省の地方部局の管轄区域の二以上にわたつている場合には、各省ごとに代表部局を定めしめ、当該代表部局の委員、幹事のみを出席させることとし、他部局に対しては、代表部局から連絡をとらせること。但し、協議事項の内容に応じ他部局の委員、幹事の出席を必要とすると認められるときは、これを招集して差し支えない。

(2)　財務局の管轄区域の方が各省の地方部局の管轄区域より狭い場合には、いずれの地方連絡協議会にも当該地方部局の委員、幹事を招集すること。

(3)　都道府県については、財務局所在地の地元都道府県の委員、幹事のみを出席させることとし、他の都道府県に対しては地元都道府県から連絡をとらせること。但し、協議事項の内容に応じ地元以外の都道府県の委員、幹事の出席を必要とすると認められるときは、これを招集して差し支えない。

五　結果の報告等について

地方連絡協議会を開催した場合には、会議終了後速かにその状況に意見を付して中央連絡協議会に報告するとともに、必要に応じ、高等検察庁及び都道府県警察本部に連絡のこと。

なお、適正化法の説明会については、別途連絡します。

〔会長挨拶及び議事要旨の添附は省略〕

(注)　補助金等適正化中央（地方）連絡協議会は、昭和三十九年四月三日より補助金等適正化中央（地方）連絡会議と名称変更となつた。

6　地方分権推進計画（抄）

（平成十年五月二十九日　閣　議　決　定）

第一　地方分権推進の基本的考え方

地方分権の推進は、国と地方公共団体とが共通の目的である国民福祉の増進に向かって相互に協力する関係であることを踏まえつつ、地方公共団体の自主性及び自立性を高め、個性豊かで活力に満ちた地域社会の実現を図るため、各般の行政を展開する上で国及び地方公共団体が分担すべき役割を明確にし、住民に身近な行政をできる限り身近な地方公共団体において処理することを基本として行われなければならない。

このため、政府は、地方分権推進法（平成七年法律第九十六号）に定める基本方針に即しつつ、地方分権推進委員会勧告を最大限尊重して、地方分権の推進に関する施策の総合的かつ計画的な推進を図るため、以下のとおり必要な法制上又は財政上の措置その他の措置を講ずるほか、関係地方公共団体に対し必要な要請を行うものとする。

また、本計画を着実に実施するとともに、地方分権の一層の推進に向けて、今後とも積極的に取り組んでいくことにする。

第二・三　略

第四　国庫補助負担金の整理合理化と地方税財源の充実確保

一～二　略

三　存続する国庫補助負担金に係る運用・関与の改革

(1)　基本的考え方

ア　今後とも存続する国庫補助負担金については、国の過度の関与等により地方公共団体の自主的・自立的な行政運営が損なわれることがないよう、運用・関与の改革を図る。

イ　存続する国庫補助負担金についての運用・関与の改革、国庫補助負担金の制度・運用の在り方の見直しを行うに当たっては、各省庁間における情報交換を積極的に推進していくため、補助金等適正化中央連絡会議等の活用を図る。

(2)　運用・関与の改革方策

ア　統合・メニュー化

類似ないし同一の目的を有する国庫補助負担金については、地方公共団体の自主性の尊重、事務の簡素化等の観点から、統合・メニュー化を積極的に推進する。

この場合、地方公共団体が、自らの判断で、メニューの中から事業を選択する方式を進めるとともに、提出書類の削減、様式の標準化等事務手続の大幅な簡素化を図る。

なお、統合・メニュー化は、形式的なものにとどまることなく、予算の透明性の向上の観点からも、本来の趣旨に沿った運用の徹底を図ることとする。

イ　交付金化（交付基準のうち客観的指標に基づく部分の比率の引上げを含む）

例えば、個別具体の事業箇所、方法等を特定せず、対象人員等の客観的基準により国庫補助負担金を交付する総括的な助成方式とすることなどにより、地方公共団体の自主性が高められる方向で交付金化を推進する。

なお、交付金化の趣旨に沿った運用の徹底を図ることとする。

ウ　運用の弾力化（複合化）

施設の設置等に対する国庫補助負担金が今後も存続する場合には、その交付を受けて建設する施設の合築を積極的に認めていくこととし、できる限り、他の施設との複合化が可能となるよう運用の弾力化を図る。

その際、関係省庁間において、複合施設の設置及び利用の基準の明確化等を進める。

エ　補助条件等の適正化、緩和

補助条件等については、その交付の目的を達成するために必要な限度を超えて地方公共団体に制約を課すことがないよう、補助目的の達成、運用の適正化等のために必要最小限のものとする。

とりわけ、施設等の配置及び設備等の基準などの補助条件等は、地方公共団体の自主性の発揮、総合的な事業実施が可能となるよう大幅に弾力化するなど、補助条件等の緩和を図る。

また、通達等により示されてきた職員の職名・資格・配置基準等について、今後、地方公共団体に示す場合においては「技術的助言」としての趣旨に沿って項目や内容を見直すこととされたことに伴い、補助条件とされている関係職員等の職名・資格・配置基準等についても所要の見直しを行うこととする。

なお、国庫負担金についても、地方公共団体の自主性の確保に留意することとする。

オ　補助対象資産の有効活用、転用

社会経済情勢等の変化により、補助対象資産である施設に係る行政需要が設置当時から変化したような場合において、一定期間経過後において地方公共団体が住民のニーズに応じて他の公共施設・公用施設への転用が実施できるよう、制度・運用の大幅な弾力化・簡素化を図ることとする。

その際、以下のような措置を講ずる。

(ア)　転用を承認する際の要件、条件については、補助金等の交付の目的を達成するため必要な限度を超えて地方公共団体に制約を課すことがないよう、補助目的の達成、当該補助対象資産の適正な使用のために必要最小限のものとする。

(イ)　補助金等適正化法施行令第十四条に基づく処分制限期間は、地方公共団体のニーズを踏まえたものとするよう、各省庁において見直しを行うこととする。とりわけ、鉄筋コンクリート造の建物等については、地方公共団体の強い要望を踏まえ、補助金等の交付目的の達成を阻害しない範囲で処分制限期間を短縮すべく、見直しを行う。

(ウ)　補助金等の交付の目的及び補助対象資産の種類に応じ、一定期間経過後において、地方公共団体が他の公共施設・公用施設へ転用しようとする場合には、国の個別承認に代えた届出制とするよう各省庁において具体的な運用の指針（基準）を定める。

(3)　国庫補助負担金の制度・運用の在り方をめぐる国と地方の新しい関係の確立

ア　国庫補助負担金に係る事務の執行の適正化・事務手続の簡素化等

国と地方公共団体の新しい関係の確立を図り、地方公共団体の自主性の確保、財政資金の効率的使用等を積極的に推進する観点等から、(2)に掲げる補助条件等の適正化、緩和、補助対象資産の有効活用・

転用、国庫補助負担金に係る運用の弾力化（複合化）等のほか、国庫補助負担金の制度・運用の在り方を見直すこととする。

地方公共団体の事業執行の円滑化、事務負担の軽減の観点から、国庫補助負担金の交付申請に当たっての事前手続の簡素化、交付決定の迅速化・弾力化、本省と地方出先機関とで求められることがある二重手続の廃止その他の事務手続の簡素化等を推進する。

また、交付申請から交付決定までに通常要すべき標準的な期間の設定等については、第二の四(2)の地方公共団体に対する国又は都道府県の関与等の手続を法律により措置する際に、補助金等に係る予算の執行の適正化に関する法律等についても整合性を図りつつ検討を行う。

イ　長期にわたり実施中の国庫補助事業等の再評価

長期にわたり実施中の国庫補助事業等について、社会経済情勢の変化等に応じて再評価する仕組みとする。再評価の結果、当該国庫補助事業等を中断する場合、補助金等に係る予算の執行の適正化に関する法律第十条第一項においては、各省各庁の長は、補助金等の交付の決定後の事情の変更により特別の必要が生じたときは、当該交付の決定を事業等の執行が済んでいない部分に限って取り消すことができるとする趣旨を定めており、同項の適用があるときには、既に事業等の執行が済んだ部分について補助金等の返還を求められることはない。

〔以下略〕

7　第二次地方分権推進計画（抄）

（平成十一年三月二十六日　閣議決定）

第一　略

第二　公共事業の在り方の見直し

三　補助事業の見直し

(1)　補助事業の見直しの基本的考え方

補助事業については、地方分権推進計画を踏まえ、国庫負担金と国庫補助金の区分に応じて、積極的に整理合理化を進めるとともに、基本法の趣旨を踏まえ、中央省庁等のスリム化にも資するよう、今後さらに一層の見直しを行う。

(2)　統合補助金の創設

ア　基本法第四六条第二号において、公共事業の補助事業については、

(ア)　同号に規定する個別の補助金等（以下「個別補助金」という。）を交付する事業は、国の直轄事業に関連する事業、国家的な事業に関連する事業、先導的な施策に係る事業、短期間に集中的に施行する必要がある事業等特に必要があるものに限定する。

(イ)　その他の事業に対する助成については、できる

限り、個別補助金に代えて、適切な目的を付した統合的な補助金等（以下「統合補助金」という。）を交付し、地方公共団体に裁量的に施行させることとしており、この規定に基づき、「統合補助金」を創設する。

イ　この統合補助金の基本的な性格及び仕組みは、次のとおりとする。

(ア)　基本法第四六条第二号の「地方公共団体に裁量的に施行させる」ことの要件としては、「国が箇所付けをしない」ことを基本とする。

(イ)　具体の事業箇所・内容について地方公共団体が主体的に定められるよう、次のような基本的な仕組みとする。

a　国が策定する公共事業に係る長期計画に対応して地方公共団体が策定する中期の事業計画等を基に、国がその年度における地方公共団体毎の配分枠（金額等のみ。具体の事業箇所・内容は示さない。）を定める。

b　aの配分枠の範囲内で、地方公共団体が当該年度において実施すべき具体の事業箇所・内容等を定めた上で、補助金を申請する（国は、申請に基づき、補助金を交付決定）。

c　交付決定後の事業箇所・内容等の変更は、事業計画等に適合している限り、国の関与を極力要しないものとする。

(ウ)　(イ)のタイプの統合補助金とは別に、一定の政策目的を実現するために複数の事業を一体的にかつ主体的に実施することができるような類型の統合補助金を創設する。

〔以下略〕

8　経済財政運営と構造改革に関する基本方針二〇〇三（抄）

（平成十五年六月二十七日　閣議決定）

第二部・構造改革への具体的な取組

六　「国と地方」の改革

(1)　略

(2)　三位一体の改革の具体的な改革工程

①国庫補助負担金の改革

地方の権限と責任を大幅に拡大するとともに、国・地方を通じた行政のスリム化を図る観点から、「自助と自律」にふさわしい国と地方の役割分担に応じた事務事業及び国庫補助負担金のあり方の抜本的な見直しを行う。

このため、「改革と展望」の期間（当初策定時の期間で平成十八年度までをいう。以下、「六、『国と地方』の改革」において同じ。）において、別紙二の「国庫補助負担金等整理合理化方針」に掲げる措置及びスケジュールに基づき、事務事業の徹底的な見直しを行いつつ、国庫補助負担金については、広範な検討を更に進め、概ね四兆円程度を目途に廃止、縮減等の改革を行う。その際、国・地方を通じた行財政の効率化・合理化を強力に進めることにより、公共事業関係の国庫補助負担金等についても改革する。

（別紙二）

国庫補助負担金等整理合理化方針

事務事業及び国庫補助負担金の在り方については、「改革と展望」の期間中において、一の基本方針に沿って見直しを行う。重点項目の改革工程は、二に掲げるとおりである。

一　「改革と展望」の期間中における基本方針

事務事業及び国庫補助負担金の在り方の見直しに関する「改革と展望」の期間中における基本方針は、以下のとおりである。

(1)　国庫補助金の廃止・縮減

①　国庫補助金については、原則として廃止・縮減を図っていく。

②　国庫補助金のうち、補助率が低いもの（三分の一未満）又は創設後一定期間経過したものについては、廃止又は一般財源化などの見直しを行う。

(2)　国庫負担金の廃止・縮減

①　国が一定水準を確保することに責任を持つべき行政分野に関して負担する経常的国庫負担金については、国と地方公共団体の役割分担の見直しに伴い、国の関与の整理合理化等と併せて見直し、社会経済情勢等の変化をも踏まえ、その対象を真に国が義務的に負担を行うべきと考えられる分野に限定していく。

②　総合的に樹立された計画に従って実施させるべき建設事業に係る国庫負担金については、従来のシェア配分にとらわれずにその対象を国家的なプロジェクト等広域的効果を持つ根幹的な事業などに限定するなど、投資の重点化を図るとともに、住民に身近な生活基盤の整備等に係る国庫負担金については類似した奨励的補助金も含めて国の補助負担対象の縮減・採択基準の引上げ等を図り、地方の単独事業に委ねていく。

この場合において、全国的に一定の整備水準が達成された事業に係る国庫負担金については、廃止・縮減する。

(3)　国庫補助負担金を通じた廃止・縮減等

以下の方針により、国庫補助負担金の廃止・縮減を推進するとともに、地方の自主性を高める観点から、国の義務付けの縮減、交付金化、統合メニュー化、統合補助金化、運用の弾力化等の改革を進める。

①　地方公共団体の事務として同化、定着、定型化しているものに係る補助金等、すなわち、法施行事務費、公共施設の運営費・設備整備費をはじめとする地方公共団体の経常的な事務事業に係る国庫補助負担金については、原則として、一般財源化を図る。

また、人件費補助に係る補助金、交付金等については、当該職員設置に係る必置規制等を見直すとともに、特定地域に対する特別なものを除き、一般財源化等を図る。

② 国庫補助負担金が少額のもの、地方公共団体が行う事務・事業全体に係る経費のうち国庫補助負担事業部分が一部にすぎないもの等については、原則として、廃止又は一般財源化を図る。

③ 投資的経費に対する国庫補助負担金については、特に、公共事業に係る国の関与を重点化する観点から、以下のとおり、廃止・縮減する。

(イ) 市町村事業への国庫補助負担金は、全国的な見地等からの検討が必要なものを除き、原則として縮減する。

(ロ) 広域性や重要性に応じて対象公共施設に区分が設けられているものについては、その性格に応じて国庫補助負担金の重点化を行う。

(ハ) 既に完成した社会資本の維持管理や既存ストックの更新は、管理主体が自らの財源で責任を持って行うことを原則として、地方公共団体の自主性に委ねていく方向で検討する。維持補修や日常的な改良工事等小規模なものや効果が地域的に限定されるもの等については、施設の性格も踏まえ、順次廃止・縮減する。

(ニ) 公共事業の各分野の特性を踏まえつつ、一定の目標の下に段階的に採択基準の引上げ等の見直しを検討する。

(4) 略

9 地域再生基本方針（抄）

（平成十七年四月二十二日閣議決定
改正 平成十九年四月二十七日）

※ 次の記述は平成十九年四月二十七日改正当時のものであり、現在の記述とは異なる。

地方公共団体が行う自主的かつ自立的な取組による地域経済の活性化、地域における雇用機会の創出その他の地域の活力の再生（以下「地域再生」という。）を総合的かつ効果的に推進するため、地域再生法（平成十七年法律第二十四号。以下「法」という。）第四条第一項に基づき、政府における施策の推進を図るための基本的な方針として、本地域再生基本方針を定める。

一 略

二 地域再生のために政府が実施すべき施策に関する基本的な方針

(一) 略

(二) 補助金改革等による自主裁量性の尊重、縦割り行政の是正、成果主義的な政策への転換

① 目的別・機能別の交付金及び省庁横断的な交付金の創設等

地域再生に資する政策テーマごとに、各々の目的、機能の範囲内であれば、手段の選択や交付額の充当を地域の裁量にゆだねる方向で、交付金化などの補助金改革を推進する。

また、類似の目的・機能を有する補助金が省庁ごとに並立している場合には、省庁の壁を超えた交付金化などの補助金改革を進める。この際、窓口を一元化すること、手続が煩雑にならないことなどに留意し、地域から見て、明快な仕組みを構築する。

② 交付金化に当たっての留意点

新たに創設する交付金は、地域が期間を限って目標を掲げ、その達成に責任をもって取り組むことを明示している場合には、国が掲げる目的・機能の範囲内で地域の自主裁量性を尊重するとともに、期間全体にわたって支援しうる仕組みとして構築する。

この際、地域が定める計画の範囲内において、施設等の間における予算の融通、年度間の事業量の変更が可能となる仕組みとする。

③ 補助対象財産の有効活用

補助金等の交付を受けて整備した施設（以下「補助対象財産」という。）を有効に活用した地域再生を支援するため、社会経済情勢が変化し、著しく需要が低下するなどの事情により、新たな需要に対応する必要が生じ、当初の目的以外の目的に転用する場合について、補助金等に係る予算の執行の適正化に関する法律（昭和三十年第一七九号。以下「補助金等適正化法」という。）に基づく各省各庁の長による承認が迅速に行われるような仕組みを構築する。

個々の補助金について、承認の基準の明確化、一定の区域において特定の計画に基づき包括的に承認を行う制度の導入について、補助目的の達成及び補助対象財産の適正な使用という補助金等適正化法の趣旨を踏まえ、各所管省庁において検討する。

㈢〜㈥ 略

三 地域再生計画の認定に関する基本的な事項

㈠〜㈢ 略

㈣ 地域再生計画の認定制度に基づく法律上の特別の措置

①・② 略

③ 地域再生のための交付金の活用

イ 法第二十一条第一項により、認定地域再生計画に基づく事業の実施に要する経費に充てるため、予算の範囲内で、次の種類の交付金を、次の施設の整備に充てられるものとして交付する。

a．道整備交付金　市町村道、広域農道又は林道（このうち二以上の種類の施設設備を行う場合に限る。）

b．汚水処理施設整備交付金　公共下水道、集落排水施設（農業集落排水施設及び漁業集落排水施設に限る。）又は浄化槽（このうち二以上の種類の施設整備を行う場合に限る。）

c．港整備交付金　地方港湾の港湾施設又は第一種漁港の漁港施設（両方の施設整備を行う場合に限る。）

ロ これらの交付金を充てて行う施設の整備に関する事項が記載された地域再生計画の認定に当たっては、個別の施設ごとに内容を審査するのではなく、計画全体が認定基準に適合するかどうかを判断することとする。交付金は、次のような手順で交付、実施する。

a．地方公共団体は、交付金を充てて行う事業を記載した地域再生計画を作成し、内閣総理大臣に認定を申請する。

b．内閣総理大臣は、関係行政機関の長の同意を得て、当該地域再生計画を認定する。

c．地方公共団体は、認定地域再生計画に基づき、毎年度の予算の要望を内閣総理大臣に提出する。

d．内閣総理大臣は、要望を踏まえて、交付の事務を行う各大臣と協議の上、施設の種類別の配分を決定し、各施設の所管省庁に対し予算の移替えを行う。

e．交付申請の受付、交付決定等の執行事務については、各施設の所管省庁が実施するが、地方公共団体に対する統一的な窓口を設ける。

f．地方公共団体は、事業の進ちょく等に応じて、一定の範囲内で施設間の予算の融通、年度間の事業量の変更を行い、予算を弾力的に執行する。

ハ　イ及びロを踏まえ、この交付金の制度に関する基本的な枠組みについては、内閣府、農林水産省、国土交通省、環境省が共同して整理し、地方公共団体に提示する。

④　補助対象財産の転用手続の一元化・迅速化

補助対象財産を有効に活用した地域再生を支援するため、社会経済情勢の変化等に伴い需要の著しく減少している補助対象財産の転用を弾力的に認めるとともに、手続を簡素合理化することとし、法第二十二条により、認定地域再生計画に基づき、補助対象財産を補助金等の交付の目的以外の目的に使用し、譲渡し、交換し、貸し付け、又は担保に供する場合においては、地域再生計画の認定を受けたことをもって、補助金等適正化法第二十二条に規定する各省各庁の長の承認を受けたものとみなすこととする。その際、補助金相当額の国庫納付を原則として求めないこととし、転用後の主体にかかわらず転用を認める。

なお、有償の譲渡・貸付けの場合、公共施設以外への転用の場合及び補助対象外公共施設への転用（補助目的の達成状況等に照らし必要がある場合に限る。）の場合には国庫納付を求めることができる等、補助目的の達成や補助対象財産の適正な使用の観点から必要最小限の条件を付すことができるものとする。

以下略

（第六条関係）

10　所謂施越工事に対する補助について

（昭和三十一年四月三十日　蔵計第一〇二四号）

標記の件に関し、別紙の通り、差し当りの見解及び方針として，補助金等適正化中央連絡協議会の決定をみたので、その周知徹底につき宜しくお取り計らい願いたい。

（別紙）

所謂施越工事に対する補助について

一、所謂施越工事を施工すること及び所謂施越工事に対して補助することは、法律上差し支えない。

二、所謂施越工事を施工した上、これに対して国庫の補助を申請する場合、従来通例行われていたようにその施工済にかかる工事を申請後施工する予定のものとして申請し補助金等の交付を受けることは、補助金等適正化法第二十九条第一項の要件に該当する場合があるので、その場合は、罰則の適用をみることとなる。

三、補助金等適正化法の施行に伴い、所謂施越工事については今後施工済なる旨を明りようにして補助の申請がなされることとなろうが、このように申請の形式が変更されることによつて特に所謂施越工事に対する補助予算の配分に関する関係各省各庁の従来のそれぞれの取扱方を変更することはないものとする。

　右の取扱は、関係各省各庁が従来所謂施越工事に対して補助することを例としていた事業種目以外の事業種目に属する所謂施越工事についてまで、新たに補助する例を開く趣旨ではない。

四、所謂施越工事は予算実行上の方針としては原則として好ましくない現象であるが、現状では公益上真にやむを得ないと認められる場合があることも否定できないので、その辺の具体的実情に即した取扱方の改善に関する一般的方針については、補助金合理化の線に沿つて今後関係各省各庁が本連絡協議会において検討するものとする。

11　昭和三十二年度予算に係る補助金等の交付決定について

（昭和三十二年四月十日　蔵計第九一四号）

一　目的

補助金等の問題については、予算の編成、実行の段階にわたつて改善すべき点が多い。従来は、予算の編成にあたつて大蔵省主計局と各省各庁との間で折衝が行われる際と、実行後における会計検査院の検査、行政管理庁の監査、各省各庁及び大蔵省財務局の調査の際に検討と反省が行われてきたのであるが、これだけでは、まことに、不充分であるといわざるを得ない。

　今後は必ずしも早急に問題を解決しようとせず、充分に検討を重ねた上で、整理合理化を図るべきである。この見地のもとに、昭和三十二年度においては、各省各庁の協力のもとに、大蔵省主計局、財務局及び財務部による調査を昭和三十一年度に引き続いて行うこととするが、特に補助金等の交付決定については、その現状にかんがみ、その時期を繰り上げることに重点をおき、交付決定の遅延に由来する実行の粗ろうを解消する基盤を醸成することが必要である。すなわち、補助金等の効果を完全にするためには、補助金等の交付決定が適時適切に行われなければならないが、現状は交付決定の時期が著しく適期を失し、むしろ年度末に近い時期となつていることが少くない。そのため補助事業等の実施が遅延し、又は交付決定前に補助事業等が着手され、はなはだしきは、補助事業等終了後に交付決定が行われる結果、地方財政の圧迫、補助効果の減少、交付決定前の前金払、概算払、年度経過後の交付決定、年度経過後の前金払、概算払等の弊害が生じており、これが改善につき地方公共団体等補助事業者等の側から強い要望がある。

　交付決定の促進は、適正化法の確実な実施の理想に一歩近付くためにも、同法の運用上当面最も重点をおくべきものと認められる。

二　方針

　これがため、

(1)　各省各庁は、各補助金等ごとに交付決定をすべき期限をあらかじめ定める。この期限は、後記の交付決定の基準に基き昭和三十一年度における交付決定の実績を参酌して定めることとするが、特別の事情のあるものを除き、九月三十日を最終とする。ただし、別紙(1)により甲類に類別された補助金等の第三・四半期以降の期間に係る交付決定の期限については、この限りでない。

（上記の特別の事情のある補助金等については、各省各庁が大蔵省主計局各主計官と個別に協議して交付決定の期限を定める。）

(2)　各省各庁の会計課長は、各原局を督励して、この期限内に交付決定を行わせる。

(3)　大蔵省主計局各主計官は、毎月一回、定められた期限内に交付決定が行われているかどうかその進捗状況を徴する。

(4)　補助金等適正化地方連絡協議会においては、各都道府県、市町村等の補助事業者等の補助申請等の提出期限の厳守、補助事業等の早期実施等を奨ようする。

(5)　自治庁及び大蔵省理財局は、交付決定の早期化に即応して、起債の承認時期を繰り上げる。

等の措置により、その具体化を図る。

三　交付決定促進要領

　交付決定の時期を繰り上げ、これを適期に行うこととするためには、まず、補助金等を交付適期等の見地から類別して、予算の実行段階において常時これを厳守するようにつとめる。

(1)　各補助金等につき別紙(1)により、交付決定の適期等を基準にして、甲、乙、丙及び丁の各種に類別する。

(2)　甲、乙及び丙類については、別紙(2)により、各補助金等ごとにその交付決定の期限を定め、その期限内において速かに交付決定を行う。

(3)　丁類については、いたずらに交付決定を急ぐことなく、むしろ、補助金等の種目、算定基準、配分基準、補助条件等を充分検討し、予算執行の合理化、適正化に重点をおく。しかしながら、この場合においても、交付決定の最終期限は、原則として九月三十日とする。

(4)　各類を通じ、交付決定は次のような方法により可能なものから遂次これを分割処理する。

(イ) 補助申請が全国的に出そろうのは相当遅れる場合があるから、補助申請の先着順に順次交付決定を行う。(例えば七月十日までに補助申請のあつたA、B、Cの各県分をとりまとめて、それぞれの年間事業分を七月二十五日までに交付決定し、九月十五日までに補助申請のあつたD、E、Fの各県分をとりまとめて、それぞれの年間事業分を九月三十日までに交付決定する。)

(ロ) 上記(イ)の意味における分割交付決定のほか、同一補助事業者等についても分割交付決定を行う。(例えば、A県の年間事業計画量一〇〇のうち、とりあえず実施確実な八〇について、第一回の交付決定をなし、残計画量については、確実な実施の見透しをまつて逐次交付決定する。)

(別紙)

(1) 補助金等を目(交付決定が目の細分により行われるべきものにあつては、目の細分)により、左記のとおり類別する。

(イ) 甲類

(a) 二カ年以上継続して計上された補助金等であつて

(b) 補助金等の種目、算定基準、配分基準、補助条件等が充分整理されており

(c) 補助事業等となるべき事業が年度首から行われ

(d) 補助事業者等としての適格性が、審査を要しないで判明し、補助金等の配分について、改めて補助事業者等からの計画案等を必ずしも徴することなく決定し得るもので、

(e) 各月又は四半期ごとに補助事業等の実績(生活保護人員、小中学校教員数等)等により、分割交付決定を行い、爾後の交付決定において過不足を調整するもの。

(例) 生活保護費補助金のうち扶助費に係るもの
義務教育費国庫負担金(教材費に係るものを除く。)
児童保護費補助金のうち措置費に係るもの
失業対策事業費補助金

(ロ) 乙類

甲類、丙類及び丁類に属さない補助金

(ハ) 丙類

補助事業固有の適期のある補助金

(例) 災害復旧事業費補助(過年災を除く。)
災害救助費補助
積雪寒冷地帯等工事適期の限られたものに係る補助金
被害農家営農資金利子補給補助金

(ニ) 丁類

(a) 昭和三十一年度以降における新規計上の補助金等

(b) 又は、昭和三十年度以前からの補助金等であつても

(i) 補助金等の種目、算定基準、配分基準、補助条件等が充分整備されておらず、今後これらの基準その

他制度、運用の面において改善合理化の余地のあるもの

(ii) 又は、これらの基準が整備されていても、それらが必ずしも守られていないもの。

（例） 簡易水道施設費補助金
農山漁村建設総合対策費補助
消防施設整備費補助金
農業改良資金造成費補助金
農薬管理費補助金

(2) 上記各類に応じて、交付決定の最終期限を下記〔略〕のとおり定め、各省各庁、自治庁、大蔵省主計局及び理財局協力して、当該期限までに交付決定を了するものとする。

なお、起債を伴うものについては、その承認事務との関係を考慮し、第一・四半期中に積雪寒冷地帯に係る補助金等については、その工事に支障を生じないよう適期に交付決定を了するよう格段の努力をする。

(3) 甲類及び乙類の第一回分の交付決定の最終期限を上記のように定めたのは、一応下表のスケジュールによるものである。大蔵省主計局予算各係は、各省各庁と協議の上、各補助金等の交付決定の期限に関する上記の基準と昭和三十一年度における交付決定の実績等を勘定して、(チ)の期限内において各補助金等ごとに交付決定の期日を定めることとする。(イ)―(ト)の期限については、各補助金等の実情に応じ、適宜伸縮することができる。）〔下表省略〕

（参考）

(1) 大蔵省主計局法規課は、三月二十三日（土）、補助金等適正化中央連絡協議会を開き、前記の交付決定の促進方策を説明し、これを決定する。

(2) 各省各庁は、所管の各補助金等につき、前記の各類に類別した上、前記の交付決定の基準に基き、昭和三十一年度の実績等を参しゃくして、別紙様式〔略〕により、昭和三十二年度予算に係る補助金等の月別交付決定計画表を作成し、昭和三十一年度予算に係る補助金の交付決定実績表を添えて、三月二十七日（水）までに大蔵省主計局予算係に提出する。

(3) 大蔵省主計局予算各係は、上記(2)の交付決定計画表に対して必要な調整を加え、三月三十日（土）までに交付決定計画を決定する。

(4) 爾後大蔵省主計局は、各省各庁より、毎月末の交付決定進捗状況調を翌月五日までに徴し、必要に応じ各省各庁の会計課長から状況聴取を行う等、各省各庁の官房と協力して、その促進を図る。

12 平成二十三年度補助金等予算の執行に関する手続等について（抄）

（平成二十三年四月十三日　財計第一二一九号）

平成二十三年度の補助金等予算の執行に当たっては、その適正を確保するため下記により実施する。

記

1 補助内容、補助条件等の明確化について

補助金等予算の執行の適正化に資するため、別紙（略）に掲げる補助金等を指定補助金とし、例年どおり交付決定前に経費の費目、算定基準、交付決定通知書、交付要綱等について各省各庁と主計局と協議して決定する。

2　補助金等予算の適止な執行について

補助金等予算の執行については、従来から各省各庁において、その適正かつ効率的な執行の確保に努めてきたところであるが、毎年、会計検査院の検査報告に不当事項等の事例が指摘されている。

各省各庁は、補助事業者等に対し、各種の通達や会議、研修等を通じ、指摘された不当事項等の周知徹底等を図り、その再発防止の為の措置を早急に講じるとともに、補助金等予算の執行手続の各段階で審査を一層厳正なものにし、指導の一層の徹底、強化を行い、併せて予算執行の透明性の確保等により補助金等予算の執行について不当事項等の指摘を受けることのないよう努めるものとする。

（第六、七条関係）

13　補助金等の交付決定の分割処理及び補助条件の整備に関する暫定措置について

（昭和三十一年九月二十二日　蔵計第二二一〇号）

標記のことについて、別紙一及び二のとおり、補助金等適正化中央連絡協議会の決定をみたので、その周知徹底につきよろしくお取り計らい願いたい。

なお、これらに関する第五回補助金等適正化中央連絡協議会幹事会の議題及び議事要旨を、参考までに添附する。

（別紙一）

補助金等の交付決定の分割処理について

補助金等が適時適切に交付されることは、補助効果を完全にするために重要なことである。そのためには、交付決定の時期が適切でなければならない。

現状は、交付決定の時期が著しく適期を失し、むしろ年度末に近い時期になつていることが少くない。そのため、補助事業等の実施が遅延し、又は、交付決定前に着手され、その結果地方財政に不当な圧迫を加え、又は交付決定前の概算払、年度経過後の前金払等会計法令上の不合理な事例を生じ、補助金等適正化に著しい障害を与えている。又補助事業者等の側からも、補助金等の早期交付決定について極めて強い要望がある。以上の状況にかんがみ、当協議会としては、交付決定の遅延する各種原因を調査究明の上、交付決定事務促進のための具体的方策を近く決定する予定であるが、差し当たりその一環として、下記により補助金等の交付決定の処理を図ることとする。

なお、下記の一及び三の交付決定の時期については、今後中央、地方相協力して逐次その時期を繰り上げるよう努力するものとする。

記

一、施設費にかかる補助金等の交付決定については、当年発生の災害復旧事業にかかる補助金等の如く事業の性質上必然的に交付決定の時期が第三・四半期以降となるものを除き補助金等の交付の申請を先着順に適宜一括して逐次交付決定を行うこととし、おそくとも第二・四半期末までに第一回分の交付決定を行うこととすること。ただし、北海道その他積雪寒冷地帯等工事適期の限られた地方に対する施設費等にかかる補助金等については、原則として、おそくとも第二・四半期までにはすべての交付決定を完了すること。

二、運営費等にかかる補助金等の如く事業の性質上年度当初において交付決定すべき補助金等については、年度開始後速かに交付決定を行うこと。この場合において、申請書の提出状況により、必要があるときは、前記一本文に準じ分割して交付決定を行うこと。

三、上記により、交付決定の分割処理を行つた場合においても、最終回の交付決定（調整のための交付決定を含む。）は、原則として、おそくとも第四・四半期初（一月末）までに行うものとすること。

（別紙二）

補助条件の整備に関する暫定措置について（第一次分）

補助金等の交付目的を達成するためには、補助金等の交付決定に必要な条件を附することによつて補助事業等が適正に遂行され、補助金等の交付決定の内容に適合するものとなるようにしなければならない。しかるに、補助条件については、その内容も形式も従来から必ずしも充分でなく、又統一的検討も殆んど行われていない。従つて、今後その実態を調査し逐次改善を図つていくこととするが、差し当たり必要なものであり、且つ、現段階において比較的容易に実行に移し得ると認められるものについて、補助条件整備の第一次分として下記のとおり決定することとする。

記

一、法律又はこれに基く命令の規定上当然に条件となるものを除き、省令、要綱、通達等で補助条件の実体を定めているものは必ず交付決定通知書にその件名を引用すること。

二、適正化法第七条第一項に掲げる条件はすべての補助金等を通じて確実にこれを附すること。（法律又はこれに基く命令の規定上当然に条件となるものは交付決定の条件として附さなくても拘束力はあるが、当該法令の内容を周知徹底させる意味において交付決定の条件として附することが望ましい。）

三、予め、各省各庁の長が大蔵大臣と協議して別に定めるものを除き、地方公共団体以外の者に対する補助金等については、補助金収入及び補助事業費の支出を記載した特別の帳簿を備えておくべき旨の条件を附すること。

四、間接補助金等については、補助事業者等に対する補助金等の交付決定に附された条件と同一の条件を間接補助金等の交付決定に附すべき旨の条件を附すること。〔議題及び議事要旨の添附省略〕

（第七条関係）

14　補助条件の整備に関する暫定措置（第二次分）について

（昭和三十一年十二月四日
蔵計第二六六二号）

標記のことについて、別添のとおり補助金等適正化中央連絡協議会の決定をみたので、各補助金等適正化地方連絡協議会会長あて通知しましたから、貴管下にも然るべく周知徹底されるよう御高配をわずらわしたい。

（別添）

補助条件の整備に関する暫定措置（第二次分）について

補助条件の整備に関する暫定措置の第二次分として下記のとおり決定する。

記

一、補助事業等の完了により相当の収益が生ずると認められる補助金等については、適正化法第七条第二項の規定により同項の条件を附すること。

二、残存物件の処理について必要な条件を附すること。

三、補助事業等により取得し、又は効用の増加する財産について、補助金等の交付の目的を達成するため必要があるときは、補助事業等の完了後においても、各省各庁の長が定める期間、当該財産を善良な管理者の注意をもつて管理するとともにその効率的な運営を図るべき旨の条件を附すること。

四、補助事業者等は、国から前金払又は概算払により間接補助金等にかかる補助金等の交付を受けた場合においては、当該前金払又は概算払を受けた補助金等の額に相当する額を遅滞なく、間接補助事業者等に交付すべき旨の条件を附すること。

（注）　間接補助金等にかかる補助金等の前金払又は概算払については、各省各庁の長は、間接補助事業者等が間接補助金等の前金払又は概算払による交付を必要とする旨の補助事業者等からの請求を基き、審査の上、必要があると認める場合に必要と認める金額に限り、これを行うものとすること。

五、間接補助事業等により取得し、又は効用の増加する財産について、補助金等の交付の目的を達成するため必要があるときは、その処分について補助事業者等の承認を受けるべき旨の条件を附すること。

六、地方公共団体に対する補助金等については、当該団体の予算書及び決算書について、補助金収入及び補助事業費の予算書及び決算書における計上科目及び科目別計上金額を明らかにする調書を作成しておくべき旨の条件を附すること。

（注）　調書の様式は、各省各庁の長が別紙様式により補助金等ごとに交付決定の際に示すものとすること。この場合において、各省各庁の長は、別紙様式記載要領により国の歳出予算科目欄に記載すべき補助金

昭和　　年度

○ ○ 補 助 金 調 書

省 所 管　　　　　　　　　　　　　　　　　　　（地方公共団体）

国			地方公共団体										備考
			歳入			歳出							
歳出予算科目	交付決定の額	補助率	科目	予算現額	収入済額	科目	予算現額	うち国庫補助金相当額	支出済額	うち国庫補助金相当額	翌年度繰越額	うち国庫補助金相当額	

1.「国」の「歳出予算科目」は、項及び目（交付決定が目の細分において行われる場合は目の細分まで）を記載すること。なお、各省各庁の長が補助金等の補助要綱又は補助条件等によつて、補助事業等に要する経費の配分の変更について禁止し又は各省各庁の長の承認を要するものと規定している場合においては、他に流用することについて禁止し、又は承認を要するものとして配分された経費に対する補助金等の額の区分名を特掲し、その他の経費に対する補助金等の額については一括して「その他」の区分名を用いて記載すること。

2.「地方公共団体」の「科目」は、歳入にあつては款、目、節を、歳出にあつては款、項、目をそれぞれ記載すること。なお、歳出にあつては、前記1、ただし書により国の歳出予算科目欄において補助事業等に要する経費の配分に応じて補助金等の額の区分名を記載する場合において、これに対応する経費の配分が目の内訳に係るときは、当額経費の配分の目を内訳として記載すること。

3.「予算現額」は、歳入にあつては、当初予算額、追加更正予算額等の区分を、歳出にあつては、当初予算額、追加更正予算額、予備費支出額、流用増減額等の区分を明らかにして記載すること。

4.「備考」は、参考となるべき事項を適宜記載すること。

5.　補助事業等の地方公共団体の歳出予算額の繰越が行われた場合における翌年度に行われる当該補助事業等にかかる補助金等についての調書の作成は、本表に準ずること。この場合において、地方公共団体の歳入の「科目」に「前年度繰越金」を掲げる場合はその「予算現額」及び「収入済額」の数字下欄に国庫補助金額を内書（　）をもつて附記すること。

6.　市町村が間接補助事業者等である場合における調書の作成は、本表に準ずること。この場合においては、本表中「国」とあるのは「都道府県」と「地方公共団体」とあるのは「市町村」とし、歳出の予算現額欄、支出済額欄及び翌年度繰越額欄の次にそれぞれ「うち間接補助金等相当額」の欄を設けること。

（注）補助事業者等は、間接補助金等の交付決定に当つては、間接補助事業者等に対し、間接補助金等のうち国庫補助金に相当する額その他この調書の作成上必要な事項を指示すること。

等の区分名及び地方公共団体の歳出の科目欄に記載すべき目の内訳をそれぞれ当該様式中に示するものとすること。

15　補助事業等に要する経費の配分等について

（昭和三十一年十二月四日　事務連絡）

今般補助条件の整備に関する暫定措置の第二次分として、「地方公共団体に対する補助金等については、当該団体の予算書及び決算書について、補助金収入及び補助事業費の予算書及び決算書における計上科目及び科目別計上金額を明らかにする調書を作成しておくべき旨の条件を附すること。」について中央連絡協議会の決定をみた。

従つて、今後各省各庁は、地方公共団体に対する補助金等については、交付決定の際、この条件を附するわけであるが、この場合においては、当該補助事業等に要する経費の配分の変更につき禁止し、又は各省各庁の長の承認を要するものと然らざるものとの区分を明確に示すこととされたい。

補助事業等に要する経費の配分について、従来は単に参考として補助金等の金額の積算の基礎を示しているに過ぎないのか、又は単に勧告的な意味で補助事業等の実行計画をたてる場合の目安を示しているに過ぎないのか、若しくは配分された個々の経費について他の経費への流用を禁止し、又は各省各庁の長の承認を要するものとして配分を示したものであるのか判然としないものが多かつたようである。

今後共、補助事業等の実行を指導するために各省各庁が、補助事業者等に対して当該補助金等の金額の積算の基礎又は補助事業等の実行の目安を示すことは適当且つ必要なことであると思われる。

しかしながら、これらの場合においても、この様な参考的な意味の配分とは別に他の経費への流用を禁止し、又は各省各庁の長の承認を要する経費の部分と、然らざる経費の部分とを区分する配分は、別途その旨を交付決定に当り明確に示すことが補助金等の交付の目的を達成するためにも必要であると考えられるものである。

もち論この様な拘束性をもつた経費の配分は、当該予算編成上の方針を確保するものでなければならないが、その必要を超えて徒らに手続のはん雑を招き、又は資金の効率を害するものであつてはならないので努めて当該補助事業等の実行上の便宜と実情とに即応したものであることが望ましいと考えられる。従つてその間、緩厳宜しきを得て然るべく実行されるよう貴省庁部内に徹底方につき御連絡を願い度く、去る十月十九日の幹事会における論議に基いて御通知致します。

16　基金造成費補助金等の活用に関する指針について

（平成二十六年十月二十二日　財計第二五三四号）

今般、基金については、政府の方針として、「経済財政運営と改革の基本方針二〇一四」（平成二六年六月二四日閣議決定。以下「基本方針」という。）において、「基金は、利点もある一方で、執行管理の困難さも指摘されていることから、その創設や既存基金への積み増しについては、財政規律の観点から、厳に抑制するとともに、国から交付された補助金等により独立行政法人、公益法人等や地方公共団体に造成された基金の執行状況を全て公表し、使用実績も踏まえながら使用見込みの低い基金については返納を検討する」こととされた。

これに加えて、本日、各省各庁の長が基金造成費補助金等を交付する場合に補助事業者等に対して付するべき条件の明確化を図るため「補助金等に係る予算の執行の適正化に関する法律施行令の一部を改正する政令」（平成二六年政令第三四一号。以下「改正政令」という。）が公布されたところである。

あわせて、改正政令においては、これまで法令上明確な定義が示されていなかった基金を財源とする事務又は事業（以下「基金事業等」という。）の性質についても規定されたところであり、今後の基金の創設・積み増しに当たっての指針となるものである。

このため、下記のとおり、基金造成費補助金等の活用に当たっての考え方を整理するとともに、改正政令の施行に関し必要な事項を示したので、国費の適正かつ効率的な使用という観点から、基金造成費補助金等の活用方法について不断の見直しを行うとともに、基金の執行管理及び情報公開の充実に努められたい。

記

1．基金造成費補助金等の活用に当たっての考え方

基金事業等については、改正政令による改正後の補助金等に係る予算の執行の適正化に関する法律施行令（昭和三〇年政令第二五五号。以下「新適化令」という。）第四条第二項に規定するとおり、次の二つの性質をいずれも満たすものが該当する。

① 複数年度にわたる事務又は事業であって、各年度の所要額をあらかじめ見込み難く、弾力的な支出が必要であることその他の特段の事情があること

② あらかじめ当該複数年度にわたる財源を確保しておくことがその安定的かつ効率的な実施に必要であると認められること

具体の事務又は事業がこれに該当するか否かについては、個々に判断することとなるが、

① 不確実な事故等の発生に応じて資金を交付する事業

② 資金の回収を見込んで貸付け等を行う事業

③ 当該事業の実施が他の事業の進捗に依存するもの

については、これに該当し得ると考えられる。

他方、これら以外の事務又は事業については、基金造成費補助金等によることなく対応することが可能か不断に検討するべきである。

2．基金の適切な管理及び情報公開の充実

(1) 基金造成費補助金等の交付に当たって付する条件

新適化令においては、基金の透明性及び国費の適正かつ効率的な使用を確保するため、基金造成費補助金等の

交付に当たって、必ず付する条件（事業完了後においても従うべき事項）として、次の四つの事項について定めることとしており、各省各庁の長にあっては、基金の設置後においても、新適化令を適切に運用して基金の執行管理に努めるものとする。

また、新適化令は、新たに基金を設置するために交付する基金造成費補助金等及び既存の基金に積み増しを行うために交付する基金造成費補助金等について対象とするものであるが、積み増しを行わない基金についても、補助事業者等と協議し、できる限り、交付要綱等に新適化令と同旨の内容を盛り込むよう努めるものとする。

① 基金事業等に係る運営及び管理に関する基本的事項として各省各庁の長が定めるものを公表すべきこと。【新適化令第四条第二項第一号】

基金の名称、基金の額、国費相当額、基金事業等の概要のほか、基金事業等を終了する時期、基金事業等の目標、給付対象となる事務又は事業の採択に当たっての申請方法、申請期限、審査基準、審査体制といった各省各庁の長が基金事業等の目的及び内容に応じて定める事項について公表させるものである。

② 基金を廃止するまでの間、毎年度、当該基金の額及び基金事業等の実施状況を各省各庁の長に報告すべきこと。【同項第二号】

基金の額（残高及び国費相当額）、基金事業等に係る収入・支出及びその内訳（今後の見込みを含む。）、貸付け等の残高（基金事業等が貸付け等であるものに限る。）、基金事業等の実施決定件数・実施決定額、保有割合（「補助金等の交付により造成した基金等に関する基準」（平成一八年八月一五日閣議決定。以下「基金基準」という。）中「3(3)基金の保有に関する基準」に示されている保有割合をいう。）、保有割合の算定根拠のほか、基金事業等の目標に対する達成度といった情報について、毎年度、報告させるものである。

各省各庁の長においては、これらの情報に基づき、毎年度、基金の見直しを行うとともに、「行政事業レビューの実施等について」（平成二五年四月五日閣議決定）に従い、これらの情報を公表するものとする。

③ 基金の額が基金事業等の実施状況その他の事情に照らして過大であると各省各庁の長が認めた場合又は各省各庁の長が定めた基金の廃止の時期が到来したことその他の事情により基金を廃止した場合は、速やかに、交付を受けた基金造成費補助金等の全部又は一部に相当する金額を国に納付すべきこと。【同項第三号】

見直しの結果、基金の額（残高）が、基金事業等の実施状況その他の事情（単なる実施状況だけでなく、今後の使用見込み、社会情勢等を含む。）に照らして過大である場合に、基金造成費補助金等の一部に相当する金額（基金の額のうち余剰と認められる金額）を返納させるほか、定められた基金の廃止の時期が到来したこと、廃止の時期が到来する前であっても基金を継続する必要性が認められなくなったこと等により基金を廃止する場合に、基金造成費補助金等の全部又は一部に相当する金額を返納させるものである。

各省各庁の長においては、基金基準に従い（基金基準の対象とされていない地方公共団体等に設置された基金にあっては、これを参考として）、あらかじめ基金の廃止時期を設定するとともに、当該廃止時期が到来する前の時点においても、基金の額が過大であるか否かを不断に確認するものとする。

④ 前三号に掲げるもののほか、基金造成費補助金等の交付の目的を達成するため必要と認められる事項【同項第四号】

①から③までに掲げたもののほか、区分経理、他用途使用の禁止、基金の運用方法に関する事項、基金から民間事業者等に対して助成金等を交付する場合に当該民間事業者等に対して付すべき条件（他用途使用の禁止、取得財産の処分制限等）、必要な場合における基金の運営に関する各省各庁の長による監督・指導といった基金造成費補助金等の交付の目的を達成するために必要と認められる事項について定めるものである。

基金造成費補助金等の交付に当たり、各省各庁の長においては、基金の執行管理を適切に行うよう、十分配慮するものとする。

(2) 留意事項

① 基金造成費補助金等に係る交付要綱等の作成に当たっては、(1)①から④までに掲げる事項が、補助事業者等に対する交付条件であることがわかりやすいものとなるよう配慮するものとする。

② (1)①及び②については、基金の設置主体が地方公共団体である場合には、当該地方公共団体の過度の事務負担となることのないよう配慮するものとする。

③ 新適化令と既存の取組とが重複する部分については、補助事業者等の事務負担を増大させることのないよう配慮するものとする。

（第七、二十条関係）

17 補助金等適正化法の「軽微な変更」及び「同種」の基準

（昭和三十年十二月二十六日 中央連絡協議会）

一 適正化法第七条「軽微な変更」について

イ、第七条第一項第一号（経費の配分）の軽微な変更の基準は次のような場合とする。

(1) 経費の目的を実質的に変更するものではない場合。

(2) 経費の配分の変更が経費使用の効率化に貢献するものであり、補助目的の達成に何らの支障がないと認められる場合。

(3) 種目別配分の固定化が却つて経費の能率的な使用を

妨げる惧れがあり、且つ、補助事業者等の創意に基く配分の変更を認めても補助目的の達成に支障がないものと認められる場合。

ロ、第七条第一項第三号（事業内容）の軽微な変更は、次のような場合とする。

(1) 補助目的達成のために相関的な事業要素相互間の弾力的な遂行を認める必要がある場合。

(2) 補助目的に変更をもたらすものでなく、且つ、補助事業者等の自由な創意により計画変更を認めることが、より能率的な補助目的達成に資するものと考えられる場合。

(3) 補助目的及び事業能率に関係なき事業計画の細部の変更である場合。

二 適正化法第二十条「同種」について

「同種の事務又は事業」とは、原則として各省の同一局が取り扱う補助金等の対象となる同一補助事業者等の行う事務又は事業とする。但し同一局が取り扱う補助金等であつても、その行政目的を全く異にする場合（例えば、厚生省公衆衛生局が取り扱う補助金で「水道施設補助金」と「生活困窮者受胎調節補助金」）においてはこの限りではない。なお、適正化法第二十条を適用する場合における補助金等の選択については、その行政目的の親近性の強いもの（例えば前記原則の範囲内で交付すべき同一科目の金額があるときは、その科目又は科目が異つていても災害復旧事業費と災害関連事業費のように事業の実態が同一のもの）から優先させるのが適当であろう。

（第十四、十五、十八条関係）

18 補助事業等実績報告書の提出期限等について

（昭和三十三年十一月十五日 蔵計第三一八二号）

標記のことについては、別添のとおり補助金等適正化中央連絡協議会の決定をみたので、各補助金等適正化地方連絡協議会会長あて通知しましたから、貴管下にも然るべく周知徹底されるよう御高配をわずらわしたい。

（別添）

補助事業等実績報告書の提出期限等について

一 実績報告書の提出期限

(1) 適正化法第十四条前段の場合

補助事業等の完了若しくは廃止の承認を受けた日から起算して一月以内又はその翌年度の四月十日までのいずれか早い日を原則とする。

(2) 適正化法第十四条後段の場合

翌年度の四月三十日とする。

二 補助金等の額の確定の通知（第十五条）

実績報告書受理後原則として二十日以内に行なうものとする。

三 補助金等の返還の期限

(1) 適正化法第十八条第一項の場合

補助金等の交付の決定の取消の通知の日から二十日以内とする。

(2) 適正化法第十八条第二項の場合

補助金等の額の確定の通知の日から二十日以内とする。ただし、補助事業者等が地方公共団体であって、当該補助金等の返還のための予算措置につき議会の承認を必要とする場合で、かつ、本文の期限により難い場合には、補助金等の額の確定の通知の日から九十日以内で各省各庁の長が定める日以内とすることができる。

(第二十二条関係)

19 補助金等適正化法第二十二条の規定に基づく同法施行令第十三条第四号により各省各庁の長が定める機械及び重要な器具の範囲について

(昭和四十六年五月十二日 蔵計第一六一八号)

補助事業等により取得し、又は効用の増加した機械及び器具とする。

ただし、取得価格又は効用の増加価格が単価五〇〇千円未満の機械及び器具であって、補助金等の交付の目的を達成するため特に必要がないと認められるものは、この限りでない。

20 補助金等適正化法第二十二条の規定に基づく同法施行令第十四条第一項第二号により各省各庁の長が定める期間について

(昭和四十六年五月十二日 蔵計第一六一八号)

減価償却資産の耐用年数等に関する省令(昭和四十年三月三十一日大蔵省令第十五号)で定めている耐用年数を基礎とすることを原則とし、これに補助金等の交付の目的を勘案して定める期間とする。

21 補助金等適正化法第二十二条の規定に基づく各省各庁の長の承認について

(平成二十年四月十日 財計第一〇八七号)

(中央連絡会議会長から中央連絡会議評議員及び地方連絡協議会長あて)

地方公共団体が、補助事業等により取得し、又は効用の増加した政令で定める財産(以下「補助対象財産」という。)を、財産処分(補助金等の交付の目的に反して使用し、譲渡し、交換し、貸し付け、担保に供し、又は取壊すこと等をいう。以下同じ。)する場合の補助金等適正化法第二十二条の規定に基づく各省各庁の長の承認は、下記により行うこととする。

なお、地方公共団体以外の者の補助対象財産についても、下記の趣旨を踏まえて、適切に対処すること。

各省各庁は、補助対象財産の財産処分の承認基準をできるだけ具体的で分かりやすい形で定めるとともに、地方公共団体及び地方支分部局に対する周知・情報提供を確実に実施すること。

記

一　近年における急速な少子高齢化の進展、産業構造の変化等の社会経済情勢の変化に対応するため、又既存ストックを効率的に活用した地域活性化を図るため、概ね十年経過した補助対象財産については、補助目的を達成したものとみなす。当該財産処分の承認については、原則、報告等をもって国の承認があったものとみなす制度（包括承認制）を手続の簡素化の観点から導入するとともに、承認の際、用途や譲渡先等について差別的な取扱いをしないこと及び国庫納付を求めないこととする。なお、補助目的の達成や補助対象財産の適正な使用を確保する観点から、有償の譲渡・貸付の場合に国庫納付を求めること、当該補助対象財産に係る行政需要への対応状況の提出を求めることなど、必要最小限の条件を付することができるものとする。

二　概ね十年経過前であっても、災害による損壊等、補助事業者等の責に帰することのできない事由による財産処分や、市町村合併、地域再生等の施策に伴う財産処分については、一と同様とする。

三、参考質疑応答

（第十条関係）

1　補助金等に係る予算の執行の適正化に関する法律第十条第一項の規定の趣旨について

（平成十年六月二十九日事務連絡・大蔵省主計局法規課長から各省各庁会計課長あて）

標記のことについては、本年三月二十七日第五十三回補助金等適正化中央連絡会議幹事会においても周知徹底方お願いしたところですが、去る五月二十九日に閣議決定された地方分権推進計画においても、補助金等に係る予算の執行の適正化に関する法律第十条第一項の趣旨が別紙のとおり記載されていますのでお知らせします。

また、貴省庁関係の機関に対しても周知徹底方お取り計らい願います。

地方分権推進計画（抄）

（平成十年五月二十九日　閣　議　決　定）

第四　国庫補助負担金の整理合理化と地方税財源の充実確保

三　存続する国庫補助負担金に係る運用・関与の改革

(3)　国庫補助負担金の制度・運用の在り方をめぐる国と地方の新しい関係の確立

イ　長期にわたり実施中の国庫補助事業等の再評価

長期にわたり実施中の国庫補助事業等について、社会経済情勢の変化等に応じて再評価する仕組みとする。再評価の結果、当該国庫補助事業等を中断する場合、補助金等に係る予算の執行の適正化に関する法律第十条第一項においては、各省各庁の長は、補助金等の交付の決定後の事情の変更により特別の必要が生じたときは、当該交付の決定を事業等の執行が済んでいない部分に限って取り消すことができるとする趣旨を定めており、同項の適用があるときには、既に事業等の執行が済んだ部分について補助金等の返還を求められることはない。

（第十四条関係）

2　「実績に基いて補助金等を交付する場合における精算額の解釈について」の照会について

（昭和三十年十一月十七日事務連絡・財務局長あて）

「実績に基いて補助金等を交付する場合における精算額の解釈について」の照会について

標記のことについて、農林大臣官房経理課長から別紙一のとおり照会があり、別紙二の通り回答したので通知します。

なお、管下財務部長に対しては、貴官から御連絡願いたい。

(別紙一)

国が実績に基いて補助金等を交付する場合、補助事業者等が報告する実績精算額については事務処理の必要上、下記のとおり取り扱うこととしたいので御了承を得たく照会する。

記

一、当該補助金等の事務又は事業が完了し支払義務額が確定した場合は、その支出完了前においても精算額として計上せしめ、補助金等の交付の対象として処理すること。収入の場合も同様とすること。

二、間接補助事業等の場合においては、補助事業者等は当該間接補助事業者等が行う事務又は事業が完了し、その支出義務額が確定した場合は、その支出完了前においてもこれを精算額として計上せしめ、国に対してもこれを精算額として計上し補助金等の交付を請求しうるものとすること。収入の場合も同様とすること。

(別紙二)

昭和三十年十一月七日付三〇経課第二六八号をもって照会があった標記のことについて下記のとおり回答します。

記

一、照会一については、異議がない。

二、照会二については、補助事業等の内容は、間接補助事業者等に対し間接補助金等を交付する事務又は事業であるから、単に間接補助事業等が完了し、補助事業等の支出義務額が確定したとしても間接補助金等の交付がなければ補助事業等が完了したとはいえないので、支出完了前において精算額として国に対して補助金等の交付を請求することはできない。

(第十五条関係)

3　農業改良資金造成費補助金の補助金等適正化法第十五条の規定に基く額の確定の時期等について

(昭和三十三年二月二十五日
事　務　連　絡)

昭和三十三年二月十二日開催の貴近畿局管内主計課長会議において御質問のあった標記のことについての見解は、別紙のとおりであるので回答する。

(質問の要旨)

農業改良資金造成費補助金の補助金等適正化法第十五条の規定に基く額の確定はいつ如何なる段階において行うこととするのが正しいか。

(回答)

一、昭和三十一年度分

農業改良資金造成費補助金の補助事業とは、農業改良資金助成法(昭和三十一年法律第百二号。以下「法」という。)第三条の規定により、都道府県の行う貸付及び債務の保証に必要な資金の造成と、当該資金の貸付及び債務の保証事業をいい、当該都道府県に一定金額の資金が造成されたときは、補助金の交付を打ち切り、返還された資金をもって貸付事業を継続することになっている。また、法第二十二条の規定により当該事業を廃止した場合は、国に交付を受けた補助金相当額を納付しなければならないこととなっていることから、事業の開始から廃止までを一つの補助事業と考え、各年度ごとに額の確定は行わないこととした。

二、昭和三十二年度分

適正化法第十五条の規定に基く額の確定を事業廃止の際において行うこととすることは、各年度に交付する補助金は概算払と解さざるを得なくなり、概算払をした補助金の額を交付した会計年度に確定しないということは、会計年度ごとの決算の原則についての例外を容認するかのごとき印象を与え、かつ、この補助金についてのみ容認することは、他方面にも影響があるので、昭和三十二年度の交付決定にあたってはこの点を省察し、補助事業のくぎりは各年度ごとであることに見解を統一し、額の確定は、各年度ごとに実施せしめることとした。ただし、昭和三十一年度に貸し付けた貸付金の償還金の貸付事業をも当該補助事業に含めると、額の確定が前年度以前に交付した補助金について、翌年度以降事業を廃止する年度まで何回も行わなければならなくなり、額の確定をする趣旨に反することとなるので、昭和三十一年度に貸し付けた貸付金の貸付事業は、昭和三十二年度の補助事業の範囲から除外することとした。しかしながら、除外されたままに放置すれば、この償還金については適正化法が適用されなくなるのでこの幣をカバーするため、適正化法第七条第三項の「補助金等の交付の目的を達成するため必要な条件を附することを妨げるものではない」ことの規定を適用して

1 貸付金は償還期限までに回収するよう努めること。

2 償還金を各県知事が農林大臣に協議して決定した規程に従い貸し付けなければならないこと。

の二条件を附した。従って、償還金を規定の趣旨に反して運用したり、又は貸付事業を行わない場合においては、適正化法第十七条の規定により、交付決定の全部又は一部が取消の対象となることは当然である。

(第十九、二十条関係)

4 補助金等適正化法に関する質疑について

（昭和三十一年六月七日　事務連絡・財務局理財部長あて）

補助金等適正化法に関する質疑について

標記のことについて、別紙一のとおり中国財務局理財部長から照会があり、別紙二のとおり回答したので通知します。

(別紙一)

標記のことについて、全国出納長世話人会主催の適正化法質疑応答（昭三〇・一二・一四於地方財務協会）のなかにおいて

① **設問**　法第十九条中「その一部を納付した場合における」とあるが、これは法律で分割納付を認めたものと解してよいか。

若し認めないとすれば、歳入徴収官事務規程では処理できないこととなるがどうか。

答　本法は分割納付を認めたものとは考えない。関係規定を整備して分割納付ができるようにせられるであろう。

②　**設問**　法第二十条に「相殺することができる」とあるが、支出官事務規程（第十、第三十一、第三十二条）では民法の規定による相殺の場合を定めているのみであるので、できないと見るか。

答　関係規定を整備して相殺ができるようにせられるであろう。

とあるが、これについて次のとおり考えられるので何分の指示をお願いする。

①について

(イ)　適正化法による返還命令は、補助金等の交付決定権者の行う行政処分であり、歳入徴収官は、当該処分にもとづいて調査決定し、納入告知を行うものと解する。従つて納入告知後、歳入徴収官は歳入徴収官事務規程第四十九条により、納付期限前における分割納付は、これを認めることができる。

(ロ)　適正化法第十八条第三項の規定は、財政法第八条に対応して国の債権の効力を変更し得ることを認めたものと解される。従つて、交付決定権者たる各省各庁の長は、施行令第九条にもとづく申請があつたときは、分割して返還を命ずる処分を行い得るものと解する。かかる処分があつた場合においては、歳入徴収官は各省各庁の長の処分に基いても、歳入徴収官事務規程第四条により分割納付の調査決定をし、納入告知を行い得ると考えられる。ただし、分割して返還を命ずる処分が行われていない場合においては、歳入徴収官は分割納付の納入告知を行うことはできない。

②について

適正化法の相殺規定は当然民法の相殺の場合に含まれるものと解され、従つて、支出官事務規程の相殺規定が民法の規定による相殺の場合のみであるとして、相殺できないと考えることは妥当でない。故に支出官事務規程の整備をみるまでもなく可能であると認められる。

(別紙二)

昭和三十一年三月十五日付中財主第七十三号で照会のあつた標記のことについて、下記のとおり回答します。

記

一　設問①について

適正化法第十九条第一項中に「その一部を納付した場合における」と規定されているのは、特にこの規定により分割納付を新たに認めたものではなく、分割納付が可能の場合（貴見の(イ)の場合すなわち納付期限前における分割納付の場合及び事実上収入官吏が収納する場合）における加算金の取扱を明確にしたものである。

次に第十八条第三項の規定は、貴見のとおり財政法第八条にいう国の債権の効力を変更し得ることを認めたものであり、この規定による「返還期限の延長」の一態様として、分割して期限延長し、そのため分割納付させる処分があり得るものである。

二　設問②について

適正化法第二十条の規定による相殺の手続については、本年三月二十二日付大蔵省令第十一号による支出官事務規程の改正により定められた。

なお、適正化法の相殺規定が当然民法の相殺の場合に含まれると解しておられるようであるが、適正化法に基く相殺は、国が行政処分として一方的に行うものであつて、債権債務関係が民法の規定による相殺のごとく対等の立場で契約により対当額を相殺するものとは異なるので、上記支出官事務規程の改正なくしては、現実の取扱はできない。

（第二十三条関係）

5　補助金等に係る予算の執行の適正化に関する法律第二十三条第二項の証票の発行権者について

（昭和三十一年十二月二十七日　事務連絡）

補助金等に係る予算の執行の適正化に関する法律第二十三条第二項の証票の発行権者について

標記のことについて、別紙一のとおり東海財務局理財部主計課長から照会があり別紙二のとおり回答したので御了知ありたい。

（別紙一）

首題証票の様式については、昭和三十一年五月三十一日付事務連絡によつて御指示のあつたとおりであり、その発行権者は各省各庁の長であると考えられますが、今般名古屋通商産業局から下記のごとく照会がありましたのでよろしく御回示願います。

記

一、昭和三十一年二月十八日通商産業省告示第五十三号をもつて中小企業庁所管に係る中小企業協同組合費共同施設等補助金、中小企業相談所補助金、中小企業輸出振興技術研究費補助金の交付に関する業務の一部が通商産業局長に委任され、この委任業務のうちに法第二十三条第一項の報告の徴取、立入検査、質問の業務が含まれている。

二、中小企業庁から、この委任により立入検査証票の発行業務も通商産業局長に委任されている旨連絡（公文書によらず、テレタイプによる）があつた。

名古屋通商産業局の事務担当者としては大蔵省令第三十五号の様式に従い、証票の発行は通商産業大臣であるとの見解を持つているが、中小企業庁の指示どおり通商産業局長が発行してさしつかえないか。

（別紙二）

先に事務連絡をもつて御照会のあつた標記のことについては下記のとおりであるから御了知ありたい。

記

補助金等に係る予算の執行の適正化に関する法律（以下「適正化法」という。）第二十三条第一項の規定による立入検査等を行う場合の身分を示す証票の発行権者は、各省各庁の長である。

（理由）

昭和三十年度中小企業庁所管に係る中小企業協同組合共同施設等補助金、中小企業相談所補助金、中小企業輸出振興試作奨励費補助金および中小企業輸出振興技術研究費補助金の交付に関する事務のうち、適正化法第二十三条第一項の規定による立入検査等を行う権限が通商産業局長に委任されていることは、昭和三十一年二月十八日通商産業省告示第五十三号により明らかであるが、この委任は、あくまでも「立入検査等を行う権限」であつてその立入検査等を行う場合の「身分を示す証票の発行権者」が誰であるかということとは別問題である。

しかして、上記「証票の発行権」については、適正化法並びに同法施行令により各省各庁の機関又は都道府県の機関に委任することができるものとも解されるが、同法並びに同令を施行するため発せられた機関の命令である昭和三十一年五月三十一日大蔵省令第三十五号により上記証票の様式が定められており、当該様式においては「証票の発行権者」は「各省各庁の長」とのみ定められている。従つて、「身分を示す証票の発行権者」は「各省各庁の長」であるというべきである。

なお、御照会の記の二によると、中小企業庁から名古屋通商産業局に対して「証票の発行業務も通商産業局長に委任されている。」旨の連絡があつた由であるが、この見解は誤りであるから、当方から中小企業庁に対してこの旨申し入れたから、御了知願いたい。

大蔵財務協会は、財務・税務行政の改良、発達およびこれらに関する知識の啓蒙普及を目的とする公益法人として、昭和十一年に発足しました。爾来、ひろく読者の皆様からのご支持をいただいて、出版事業の充実に努めてきたところであります。

今日、国の財政や税務行政は、私たちの日々のくらしと密接に関連しており、そのため多種多様な施策の情報をできる限り速く、広く、正確にかつ分かり易く国民の皆様にお伝えすることの必要性、重要性はますます大きくなっております。

このような状況のもとで、当協会は現在、「税のしるべ」（週刊）、「国税速報」（週刊）の定期刊行物をはじめ、各種書籍の刊行を通じて、財政や税務行政についての情報の伝達と知識の普及につとめております。また、日本の将来を担う児童・生徒を対象とした租税教育活動にも、力を注いでいるところであります。

今後とも、国民・納税者の方々のニーズを的確に把握し、より質の高い情報を提供するとともに、各種の活動を通じてその使命を果たしてまいりたいと考えておりますので、ご叱正・ご指導を賜りますよう、宜しくお願い申し上げます。

一般財団法人　大蔵財務協会
理事長　木村　幸俊

補助金等適正化法講義

令和２年７月29日　初版印刷
令和２年８月13日　初版発行

編　者　前　田　　努

（一財）大蔵財務協会　理事長
発行者　木　村　幸　俊

発行所　一般財団法人　大蔵財務協会
〔郵便番号 130-8585〕
東京都墨田区東駒形１丁目14番１号
（販　売　部）TEL 03(3829)4141・FAX 03(3829)4001
（出版編集部）TEL 03(3829)4142・FAX 03(3829)4005
http://www.zaikyo.or.jp

落丁・乱丁はお取替えいたします。
ISBN 978-4-7547-2782-6

印刷　三松堂(株)